Siegfried Rauch
Es muß nicht immer Steak sein ...

Siegfried Rauch

Es muß nicht immer Steak sein...

Mary Hahn's
Kochbuchverlag

Fotonachweis:
Peter Bischoff, Bremen, S. 121, S. 155, S. 191, S. 223
Burda-Archiv, Offenburg, S. 109
dpa-Bilderdienst, München, S. 205, S. 217
Arthur Grimm, Berlin, S. 9
Fritz Wolle, Bremen, S. 17

© 1981 by Mary Hahn's Kochbuchverlag
Alle Rechte vorbehalten
Umschlaggestaltung: Birgit Cürlis, unter Verwendung eines Fotos von
Winfried Rabanus, München
Satz: Josef Fink GmbH, München
Druck und Binden: Jos. C. Huber KG, Dießen
Printed in Germany 1981
ISBN: 3-87287-077-7

Inhalt

9 Ein weißer Smoking und Zwiebelsalat
17 »Bliemchen«-Kaffee und Falscher Kaviar
21 Weihnachten bei uns zu Haus
25 Ein Kommunist als Kardinal?
29 Buddhas und Bananen-Curry
35 Eine echte chinesische Mahlzeit
41 Calgary: Bohnen und ein Rodeo
47 Im zweiten Stock mit 60 km/h
53 Meeresfrüchte und der Dieb von Palermo
61 Die beste Zwiebelsuppe der Welt
65 Das beste Team aus Hollywood
71 Eine Uniform aus London
75 Ripperl nach Le Mans
79 Benedikts Taufe
85 Ein bayerischer Weihnachtsbaum für Steve McQueen
91 Die Dame mit den Falkenaugen
97 Mikosch, der Lawinenhund
101 Anna Rosas Kochkünste
109 Südafrika: Skilaufen, Schlangen und Schweinekoteletts
115 Dreharbeiten auf Sardinien
121 Unser Bauernhof, unsere Heimat
131 Grimmige Kälte und deftige Gerichte
135 England: Der Adler ist gelandet
139 Südafrika und die große Sehnsucht

- *143* In den Grachten von Amsterdam
- *155* Einmal mit C.C. drehen
- *161* Eine Schlange in Lee Marvins Schwimmbecken
- *167* Zwei Stahlhelme nach Israel
- *177* Irische Gastfreundschaft
- *185* Die Liebe zur Musik
- *191* Old Shatterhand und Bossa Nova
- *197* Die immergrüne Insel am anderen Ende der Welt
- *205* Blind in Rom
- *211* Karneval im Gefängnis
- *217* Jacky, der Star der Familie
- *223* Ein Vorderlader, feuchtes Pulver und Marillenknödel
- *229* Im Buschenschank in Südtirol

Angefangen hat alles schon ganz früh, nämlich mit Tante Liesis unvergleichlichem Omelette soufflé, das auf mich als kleinen Buben einen so gewaltigen Eindruck machte, daß ich das Rezept auswendig lernte: Meine Liebe zum Kochen war geweckt.

Seit mehr als 20 Jahren bringe ich von meinen Reisen Rezepte mit nach Hause. Aus Bangkok und vom Tegernsee. Aus Südafrika und Kanada. Von allen Ecken der Welt, an die mich meine Arbeit vor der Kamera führt.

Zum persönlichen Gebrauch.

Nachdem aber die Serie »Es muß nicht immer Kaviar sein« über die Bildschirme gegangen ist, werde ich immer wieder gefragt: »Haben Sie kein Rezept für mich?«

Voilà! Hier sind meine besten Rezepte aus aller Welt. Die Betonung liegt auf *meine*. Ich bin kein Küchenprofi, und mir steht keine Brigade von Helfern zur Seite, wenn ich koche. Also hat bei der Auswahl auch die einfache und rasche Zubereitung eine Rolle gespielt.

Im Ernst: Wer wagt sich schon am heimischen Herd an ein achtgängiges Menü nach den Regeln der Nouvelle Cuisine?

Und spenden nicht oft die einfachen Gerichte den größten Genuß? Sogar ein (selbstgemachter) Hamburger kann eine Delikatesse sein. Oder ein simples Steak vom Holzkohlengrill. Doch es muß nicht immer Steak sein ...

Ein weißer Smoking und Zwiebelsalat

Wenn ein deutscher Sender eine große Fernsehserie plant, werden an der Gerüchtebörse sofort die Namen aller Schauspieler gehandelt, die für die Hauptrolle infrage kommen.

Bei »Es muß nicht immer Kaviar sein« – 13 einstündige Folgen! – waren es an die zwei Dutzend. Alles, was gut und teuer ist.

Ich wollte diese Rolle unbedingt haben. Ich kannte Simmels Erfolgsroman. Literarischer Wert hin oder her, der Thomas Lieven ist eine Traumrolle. Die Handlung hat Witz und Charakter und spielt obendrein an einigen der schönsten Plätze in unserem alten Europa.

Nach der Hauptrolle leckten sich viele alle Finger. Auch solche, die das niemals zugeben würden.

Von meiner Agentur kam ein Zwischenbescheid: Im Gespräch waren noch ungefähr 15 Leute.

Vier Wochen später waren's noch drei. Einer war ich.

Die Branche ist klein und überschaubar. Man hört oft mehr, als einem lieb ist. Die beiden anderen tönten: »Alles klar, ich hab' die feste Zusage des Produzenten.« Und: »Der Vertrag ist so gut wie unterschrieben.«

Das war im Februar 1975. Im März sollte das Team vorgestellt werden. Ich war an einem Abend im Theater gewesen und saß nach der Vorstellung mit ein paar Kollegen beim Wein. Ständiger Begleiter einer sehr aparten Kollegin war ein junger Mann, von dem es hieß, er sei Astrologe.

Ich hielt das damals nicht unbedingt für einen seriösen Beruf.

Zufällig kamen wir ins Gespräch. Die Unterhaltung wandte sich von meinem Job seinem Job zu.

»Ich bin Widder. Wie schaut's denn aus mit Liebe und Erfolg?« Wie man eben so fragt, beim Wein, wenn's schon nicht mehr spät, sondern früh ist.

»Wann sind Sie geboren?«

»Am 2. April.«

»Genauer, bitte: Jahr und Stunde.«

»1932. Mittags, kurz nach 13 Uhr.«

»Da kommt der Jupiter«, murmelte er. »Sehr gut für den beruflichen Erfolg.«

Na ja.

»Wirklich, es geht aufwärts!« behauptete er mitten in meine deutlich demonstrierte Skepsis.

»Wann denn?«

»Spätestens im Juni.«

»Schade, das ist ein bisserl spät.«

»Wieso? Sind doch nur noch vier Monate.«

Ich rückte 'raus mit dem, was mich im Augenblick am brennendsten interessierte. Ich erzählte ihm von dem für die Rolle des Thomas Lieven übriggebliebenen Trio – und auch, wie sicher die beiden Kollegen, jeder für sich, waren.

»Lassen Sie mir einen Tag Zeit«, bat er.

Am nächsten Tag kam er vor der Vorstellung in meine Garderobe und verkündete:

»Sie kriegen die Rolle!«

»Tatsächlich?«

»Passen Sie auf«, fuhr er fort und wirkte so sicher, als läse er aus dem Kursbuch vor: »Am 21. März, mittags, erhalten Sie Bescheid. Ich weiß nur nicht, auf welche Weise.«

Die Selbstverständlichkeit, mit der er das behauptete, beeindruckte mich. Mehr, als ich wahrhaben wollte.

Am 21. März war ich in Frankfurt. In der Hotelhalle.

»Herr Rauch! Herr Rauch! Bitte zum Telefon!«

Mein Agent war dran. Ich meldete mich, und er sagte:

»Du hast die Rolle!«

Ich brauchte nicht zu fragen, von welcher Rolle er sprach.

Von Astrologie hatte ich nie was wissen wollen. Seit dem 21. März 1975 denke ich, daß da doch was dran sein muß.

Die Dreharbeiten zum »Kaviar« dauerten ein halbes Jahr. Wir arbeiteten in Berlin im Atelier und gingen zu den Außenaufnahmen nach Barcelona und Gerona oder Girona, wie die Katalanen sagen. Barcelona hatten die Scouts der Produktionsfirma für Marseille ausgewählt, weil das Marseille von 1975 mit dem der späten Dreißiger kaum mehr Ähnlichkeit hat. Und Girona – das antike Gerunda – für Lissabon, weil die politische Lage in Portugal zu brisant war.

Girona war kein schlechter Ersatz: Die Stadt breitet sich an zwei Hängen aus, die Häuser sind ähnlich gestaffelt wie in der portugiesischen Hauptstadt, und statt Straßen gibt es Treppen, Treppen, Treppen. – Barcelona war 1975 zweifellos auch das »echtere« Marseille. – Kein leichter Job, passende Schauplätze für Filme zu finden, die in einer anderen Zeit spielen, auch wenn die Scouts so nach und nach die ganze Welt kennenlernen.

Eine Mammutproduktion wie diese 13teilige Serie wirft für alle Beteiligten ganz besondere Probleme auf.

Ein Beispiel: Im Mai wird in Berlin eine Studio-Aufnahme gedreht. Die Einstellung endet damit, daß ich aus der Tür (der Dekoration) gehe. Im September ist in Barcelona die folgende Außenaufnahme dran: Ich trete aus einem Haus auf die Straße.

Da muß alles stimmen, bis ins kleinste Detail. Also nicht nur die Krawatte, sondern auch der Knoten.

Auf solche Äußerlichkeiten achtet der Stab. Das Skriptgirl und mehrere Regieassistenten sind vollauf beschäftigt. Sie schleppen ein Buch im Lexikonformat mit sich herum, angefüllt mit Polaroidfotos, Zeichnungen und minuziösen Beschreibungen jeder einzelnen Einstellung. Anders geht's nicht.

Was nicht in dem Buch steht, ist meine ganz persönliche Verfassung, meine Auffassung von der Szene, meine *innere* Haltung. Um da nahtlos anschließen zu können, hilft nur eins: Schon vor Drehbeginn in die Rolle hineinschlüpfen. Seine Persönlichkeit bis zu einem gewissen Grad aufgeben und der werden, den man spielt.

Auch bei einem Film, der in vier oder sechs Wochen abgedreht wird, ist das nicht einfach. Für ein halbes Jahr ein anderer sein – das schlaucht und produziert hin und wieder Stoßseufzer wie diesen: »Hätten meine Eltern mich doch einen anständigen Beruf lernen lassen!«

Was für dumme Fehler bei aller Konzentration unterlaufen können, mußte ich in einer englischen Produktion erleben. Ich spielte einen Mann, der den linken Fuß nachzog. Ich hinkte tage- und wochenlang und hatte dieses Hinken schon so verinnerlicht, daß ich nicht mehr normal gehen konnte.

Dann flog ich nach Hause. Im Flugzeug mußte ich an die letzte Szene denken. Wieder und wieder. Ich wußte gar keinen Grund.

Bis es mir siedendheiß einfiel: Ich hatte in dieser letzten Szene, als ich in der Totalen aus dem Bild ging, nicht gehinkt!

Vom Regisseur über den Kameramann bis zum letzten Assistenten hat das kein Mensch gemerkt.

Das Publikum hoffentlich auch nicht.

Als Thomas Lieven feierte ich eine Orgie in Maßkleidung. Weder vorher noch nachher war ich so gut angezogen wie in dieser Serie.

Die Vorlage verlangte nicht nur eine üppige Garderobe, sie sollte auch von einem tschechischen Schneider sein.

Wo trieb man 1975 einen original-tschechischen Schneider auf, der sich noch in der Mode der Jahre 1935 bis 1942 auskannte? – Das Glück war mit uns. Es gab einen, und er wohnte in Berlin.

Er schwelgte wochenlang in auswattierten Schultern und Hosen mit Schlag. Er war glücklich! Meine Garderobe glich schließlich dem Lager eines Herrenausstatters: 67 Stücke kamen zusammen, Anzüge für jede Tageszeit und jeden Anlaß, Mäntel, Smokings in verschiedenen Farben ...

Wir drehten auch samstags. Während der Innenaufnahmen bekam ich jedesmal am Samstagabend gerade noch die letzte Maschine von Berlin nach München.

Zum Umziehen war nie Zeit.

Ich hetzte also in einem Anzug aus den Dreißigern nach Tegel und regelmäßig nach dem letzten Aufruf die Gangway hinauf, um mich total geschafft in den nächsten freien Sitz fallen zu lassen.

War das jedesmal ein Spaß! Die Anzüge saßen perfekt und waren wahnsinnig elegant – gewesen, vor knapp 40 Jahren. Da saßen die Mitreisenden nun und hatten von Berlin bis München nichts anderes zu tun, als sich den Kopf darüber zu zerbrechen, ob die Staffage aus einer besonderen Art von Trödelladen stammte, oder ob ich der Mode zwei, drei Schritte voraus war.

Von der ganzen Pracht habe ich nach Drehschluß einen weißen Smoking übernommen. Gegen Bezahlung. Ich liebe ihn. Kein Jahr vergeht, ohne daß ich ihn einmal aus dem Schrank nehme und mich auf fein verkleide ...

Die Gerichte für jede der 13 Folgen von »Es muß nicht immer Kaviar sein« wurden – nach Rezepten von Max Inzinger – innerhalb weniger Tage »am Stück« gekocht und für den jeweils fünfminütigen Nachspann aufgenommen.

Jochen Grill erteilte mir den nötigen Kochunterricht, den ich dann an die Zuschauer weitergab. Ich würzte die Rezepte mit Anekdoten, während mir meist schon das Wasser im Mund zusammenlief. Als Hauptdarsteller hatte ich das Recht des ersten Zugriffs – und ich hab's jedesmal weidlich genutzt. Nachschlag gab's nicht. Das ganze Team lauerte auf die Köstlichkeiten wie ein Rudel hungriger Wölfe. Kaum freigegeben, waren die Platten schon restlos geputzt.

Von den Rezepten der »Kaviar«-Serie sind mir drei besonders lieb:

Zwiebelsalat

Zutaten: 6 große Zwiebeln, 1 Tasse Olivenöl, 2 Zitronen, 1 El Estragonessig, 4 Bund frischer Schnittlauch, 1 Tasse trockener Weißwein, Salz und Pfeffer nach Geschmack.
2 Zwiebeln schälen und in hauchdünne Streifen schneiden. Von den ungeschälten Zwiebeln einen Deckel abschneiden und das »Fleisch« bis auf 2 Schichten herauslösen und

ebenfalls in Streifen schneiden. Salzen, pfeffern und für eine Stunde zugedeckt in den Kühlschrank stellen. Olivenöl und Zitronensaft miteinander verrühren, Essig und Weißwein dazugeben und zum Schluß den geschnittenen Schnittlauch darunterrühren. Diese Marinade kommt über die geschnittenen Zwiebeln, die nochmals gut durchziehen müssen und anschließend in die ausgehöhlten Zwiebeln gefüllt werden.

Rumpsteak mit Knoblauch

Zutaten: 4 Rumpsteaks à 250 g, 4 kleine Stangen Lauch, 4 El Butter, 1 Tasse Olivenöl, 4 Tl gehackte Kräuter (Petersilie und Zitronenmelisse oder Basilikum), 2 Zitronen, 8 Knoblauchzehen, 2 Tl Salz.

Die Steaks werden in der Hälfte des Olivenöls blutig gebraten, warmgestellt, gepfeffert und gesalzen.
Den gewaschenen Lauch in daumengroße Stücke schneiden, in Butter kurz anbraten und auf die Steaks legen. Knoblauchzehen (mit dem Messerrücken) pressen und mit dem Salz verrühren, die so gewonnene Masse im Zitronensaft auflösen. Die andere Hälfte des Olivenöls erhitzen und die Knoblauchmischung darin verrühren. Diese Sauce kommt über die Steaks, die vor dem Servieren mit den gehackten frischen Kräutern bestreut werden. Stangenbrot und ein knackiger Salat sind sehr geeignete Beilagen.

Topfenpalatschinken

Zutaten: 250 g Quark (in Bayern und Österreich: Topfen), 50 g Puderzucker, 2 Eigelb, ½ Tasse gehackte Mandeln, 1 Zitrone, ¼ Tl Vanilleextrakt, 1 Tasse Rosinen, 4 cl Rum, 1 El Butter. Für die Palatschinken 200 g Mehl, ¼ l Milch, 1 Prise Salz, 2 Eier. Für die Sauce ⅛ l saure Sahne, ½ Tasse Vollmilch.

Aus dem Palatschinken-Teig werden acht dünne Pfannkuchen gebacken. Der Quark wird in einer Schüssel mit dem Schneebesen glattgerührt, Zucker und Eigelb hinzugegeben, danach Saft und geriebene Schale der (ungespritzten) Zitrone. Mandeln, Vanilleextrakt, gewaschene und getrocknete Rosinen werden untergehoben und die Masse mit Rum abgeschmeckt. Die Butter dient zum Ausstreichen einer Backform. Der Topfen wird auf die Palatschinken verteilt, die anschließend zusammengerollt und eng nebeneinander in die Form gelegt werden. Saure Sahne und Milch werden vermischt und über die Rollen verteilt. Bei mittlerer Hitze brauchen die Topfenpalatschinken etwa 15 Minuten, bis sie leicht gebräunt sind. Vor dem Servieren werden sie leicht mit Puderzucker bestäubt.

»Bliemchen«-Kaffee und Falscher Kaviar

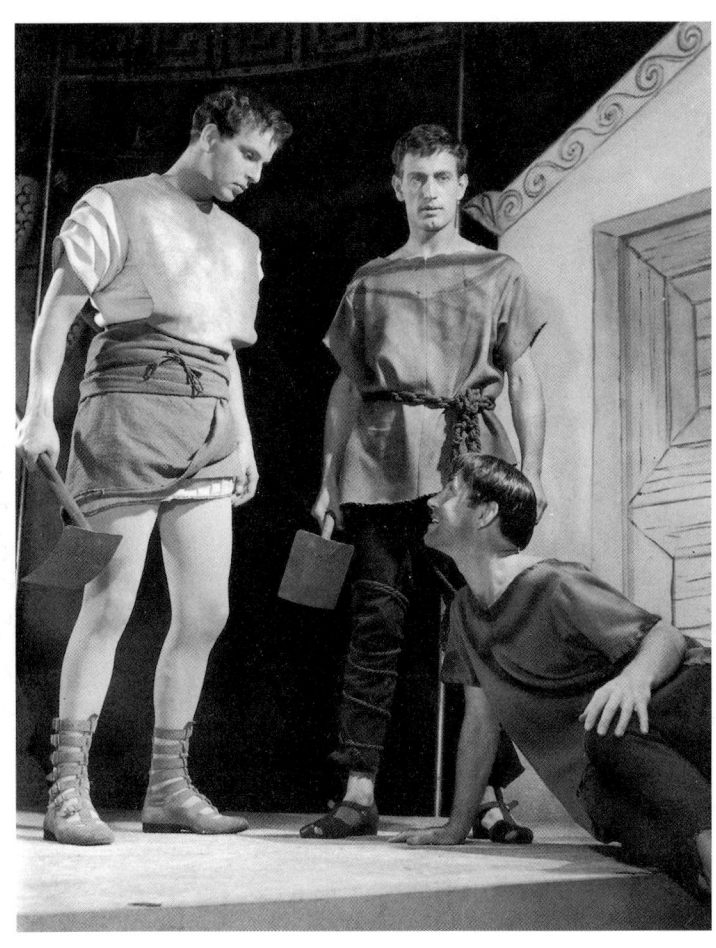

Mein Anfänger-Engagement hatte ich am Stadttheater Bremen. 350 Mark Monatsgage waren auch Ende der Fünfziger nicht viel Geld. Für Tafelfreuden jedenfalls blieb nichts übrig. Damals war Hunger noch kein Fremdwort.

Mein Bruder Hermann tat seine ersten erfolgreichen Schritte im Geschäft mit der Mode und führte mich, wann immer er in Bremen aufkreuzte, ganz groß aus. Wir speisten nicht nur feudal, ich verdrückte auch ungeheure Mengen.

»Du mußt essen!« befahl Hermann. Und musterte mich so besorgt, als hätte er gerade die ersten Hunger-Ödeme entdeckt.

Die Folgen waren schlimm. Reiste Hermann ab, durchlitt ich jedesmal drei, vier schreckliche Hungertage. Denn mein Magen hatte sich blitzschnell an reichliche Nahrung gewöhnt und mußte nun die nächste Schrumpfkur über sich ergehen lassen ...

Die Bremer hatten seinerzeit einen Kulturaustausch mit Rostock. So kam ich zu meinen ersten Auftritten außerhalb der bundesdeutschen Grenzen.

Unsere Ostzonen-Kollegen (damals wurde »DDR« allenfalls in Gänsefüßchen geschrieben und gesprochen) waren glücklich über das Pfund Bohnenkaffee, Spende des Bremer Senats, und die kargen Westmark-Spesen.

Wir kriegten drüben reichliche Spesen. In Ostmark. Und wußten nicht, was wir damit anfangen sollten. Allenfalls in Büchern und Schallplatten ließ das Geld sich einigermaßen sinnvoll anlegen.

Das Grandhotel in Warnemünde, wo wir wohnten, war von außen reinste Belle Epoque. Innen kam der Sozialismus überall durch.

Wir spielten Ibsen und Strindberg. Nur Stücke, die in hanebüchener Manier auf sozialistische Unbedenklichkeit abgeklopft waren. Könige waren grundsätzlich nicht erlaubt, ganz gleich, aus welcher Epoche.

Die Nächte jedenfalls waren lang in Rostock und in Warnemünde. Und früh um sieben klopfte es, die sozialistische Ausführung eines Zimmermädchens kam ohne Umstände herein und sagte sehr nett und kameradschaftlich:

»Na, was is' denn das! Die Sonne scheint, und noch im Bett! Raus! Raus, Genossen! Ich will das Zimmer machen!« klatschte dabei in die Hände, daß es wie Gewehrschüsse knallte.

Ich schenkte mir den labbrigen »Bliemchen-Kaffee« und trollte mich zum Strand. Aus vielen großen Lautsprechern drang, mit Marschmusik garniert, Aufklärung über die Unübertrefflichkeit des Sozialismus.

Es war deprimierend. Auch für einen jungen Schauspieler, dem es in Westdeutschland alles andere als glänzend ging.

Obwohl es zu jener Zeit in der DDR an so gut wie allem mangelte, gab's gastronomische Lichtblicke, und ich habe ein paar Rezepte mitgebracht, die ich heute noch gern in die Tat umsetze:

Sächsischer Speckkuchen

Zutaten: 500 g Mehl, 125 g zerlassene Butter, ⅕ l lauwarme Milch (es geht auch mit Wasser), 1 Würfel Hefe, 1 Tl Salz, 1 Prise Zucker, 2 Eigelb. Für den Belag: 400 g magerer Speck, 1 Tl Zucker und 2 Tl Kümmel.

Die Hefe in der Milch auflösen. Aus den Zutaten einen lockeren Hefeteig kneten und an einem warmen Ort zugedeckt gehen lassen, bis das Teigvolumen sich ungefähr verdoppelt hat. Auf einem gefetteten Backblech ausrollen, mit dem zerschlagenen Eigelb bestreichen und mit dem gewürfelten Speck belegen. Kümmel und Zucker darüberstreuen und im vorgeheizten Ofen bei 225 Grad etwa 30 Minuten backen.
Wenn ich mehr Zeit habe, ziehe ich das nächste Rezept vor:

Kurländischer Speckkuchen

Zutaten: 500 g Mehl, 1 Würfel Hefe, 100 g Butter oder Margarine, ½ Tl Salz, 1 Ei, ⅕ l lauwarme Milch. Für die Füllung: 250 g magerer, durchgedrehter Speck, 1 El Semmelbrösel, 1 Ei, 1 El süße Sahne, 1 El feingehackte Kräuter, 1 Eigelb zum Bestreichen.

Den Hefeteig auf die gleiche Art wie beim vorigen Rezept herstellen. Die Zutaten für die Füllung mischen. Den gegangenen Teig knapp 1 cm dick ausrollen und runde Plätzchen

von etwa 10 cm Durchmesser ausstechen. Jeweils mit 1 El der Füllung belegen, zusammenklappen und die Ränder fest andrücken. Mit Eigelb bestreichen und im vorgeheizten Rohr bei 200 bis 225 Grad zwischen 20 und 25 Minuten backen.
Zu beiden Speckkuchen schmeckt Bier oder ein trockener Wein. Ich ziehe neuerdings meinen selbstgemachten Apfelmost vor.

Falscher Kaviar

Zutaten: 2 große Salzheringe, gewässert und geputzt, 2 bis 3 kleine Pellkartoffeln, 1 mittelgroße saure Gurke, 1 mittelgroße Zwiebel, Öl, Essig, Salz, 1 Prise Zucker.

Alle Zutaten durch den Fleischwolf drehen und, sorgfältig vermengt, mit den Gewürzen abschmecken. Dazu ein kräftiges Bauernbrot und ein ebenso kräftiger Trank. Köstlich!

Sächsische Schnitzel

Zutaten: 4 Kalbsschnitzel, 4 Eier, 1 Bund Petersilie, 250 g Steinpilze, Salz, Butter.

Die Eier mit etwas Salz verschlagen, gehackte Petersilie unterziehen. Die geputzten, gewaschenen und gut abgetrockneten Steinpilze in Butter braten. Die geschlagenen Eier darübergießen und stocken lassen. Auf den zuvor gebratenen und nach Geschmack gewürzten Kalbsschnitzeln anrichten. Als Beilage genügt ein Stangenbrot. Aber auch Röstkartoffeln und ein frischer Salat passen sehr gut.

Weihnachten bei uns zu Hause

Weihnachten hatte ich während meiner ersten 25 Lebensjahre immer im Familienkreis verbracht. Mein Bruder Hermann wollte nicht verstehen, daß diese Regel plötzlich durchbrochen werden sollte.

»Es läßt sich nicht ändern«, sagte ich. Wir unterhielten uns per Telefon, er im oberbayerischen Hagen bei Murnau, ich in Bremen. »Weihnachten sind zwei Vorstellungen.« Ich spielte den bösen Fliegenpilz in einem Märchen und konnte ebensowenig schwänzen, als wär's die Titelrolle in »Don Carlos« gewesen.

»Du kommst nach Hause!« sagte Hermann. »Ich weiß noch nicht, wie, aber irgendwie krieg ich's hin.«

»Gib's auf! Völlig ausgeschlossen, mich Weihnachten hier loszueisen.«

Hermann rief – ohne mein Wissen – den Intendanten an. Natürlich hatte er keinen Erfolg. Da telefonierte er mit Siebert, dem Regisseur des Märchenstücks.

Er muß ihm furchtbar zugesetzt haben. Siebert kam mit hochrotem Kopf zu mir:

»Ihr Bruder! Hat der noch alle Tassen im Schrank?«

»Wieso?«

»Der wollte, daß ich Ihre Rolle übernehme, damit Sie Weihnachten nach Hause können!«

»Tut mir leid, ich hab damit nichts zu tun. Vergessen Sie's.«

»Leicht gesagt«, schnaubte er. »Ich hab mich überreden lassen.«

Offenbar tat ihm das schon wieder leid. Aber er war Hermann im Wort und stand dazu.

An der Fliegenpilz-Rolle war glücklicherweise nicht viel zu lernen, und er als Regisseur mußte ja am besten wissen, wie er sie aufgefaßt haben wollte. Trotzdem drohte die ganze Vereinbarung im letzten Augenblick zu platzen.

Wortwörtlich!

Denn Siebert kam nicht ins Kostüm. Es war zu eng.

Ich machte mich klammheimlich davon und holte das Flugticket ab, das mein fürsorglicher Bruder längst hatte reservieren lassen.

Ganz wohl war mir nicht bei dem Gedanken an die künftige Zusammenarbeit mit Siebert. Hermann hatte aber auch daran gedacht. Der Regisseur erhielt ein dickes Paket mit modischen Pullis für sich und seine kleine Freundin. Er war glücklich. Ich war erleichtert.

Weihnachten bei uns zu Haus: Dazu gehörten immer auch festliche Mahlzeiten. Doch spätestens am zweiten Feiertag brachte meine Mutter etwas Leichtes auf den Tisch, das pikant genug war, unseren Appetit wieder zu wecken und den von Gans oder Ente und all den Süßigkeiten malträtierten Magen nicht noch mehr belastete. Auch möglichst geringer Arbeitsaufwand spielte eine Rolle, und das finde ich sehr vernünftig.

Tatar mit Kaviar

Zutaten: 400 g Tatar, 3 Eigelb, 1 kleine Dose Kaviar, Salz, Pfeffer.

Das Tatar mit Salz und Pfeffer würzen, Eigelb behutsam unterziehen. Die Masse auf Roggenbrotschnitten verteilen und den Kaviar draufhäufen.

Pikantes Kartoffelgemüse

Zutaten: 8 mittelgroße Kartoffeln, 3 El Obstessig, ⅛ l süße Sahne, 3 Gemüsebrühwürfel aus dem Reformhaus, Salz, viel frische Petersilie oder Liebstöckel.

Die groß gewürfelten Kartoffeln mit 2 Tassen kaltem Wasser, Essig, Gemüsebrühwürfeln und etwas Salz zugedeckt leicht kochen lassen. Nach dem Garen so lange rühren, bis eine sämige Masse mit noch erkennbaren Kartoffelstücken entsteht. Die Sahne zugeben, abschmecken, vom Feuer nehmen und mit den feingehackten Kräutern bestreuen. Sofort servieren, am besten als Beilage zu

Mutter Rauchs Suppenfleisch

Zutaten: 1 kg Rindfleisch, am besten Rosenspitz, 2 Markknochen, 2 große gelbe Rüben (Mohrrüben), 1 große Zwiebel, 1 Stange Lauch, ½ Knolle Sellerie, etwas Selleriegrün, Liebstöckel, Petersilie, 2 Brühwürfel, Salz.

Alle Zutaten (Rüben, Lauch, Sellerie und Zwiebel in grobe Stücke geschnitten) in kaltem Wasser aufsetzen. Das gewaschene Fleisch in den kochenden Sud geben und 2 bis 2½ Stunden zugedeckt langsam kochen lassen.

Bunte Birnen

Zutaten: 1 große Dose Birnen (halbe Früchte), ¼ l süße Sahne, 1 Becher Joghurt, ¼ l saure Sahne, ¾ von einem Glas Erdbeermarmelade, 2 bis 3 El Rum.

Die Birnen (ohne Saft) auf 4 Teller verteilen. Süße Sahne, Joghurt und saure Sahne cremig rühren und über die Birnen verteilen. Die Marmelade mit dem Rum verrühren und über die Sahne-Joghurt-Mischung geben. Im Kühlschrank kaltstellen.

Ein Kommunist als Kardinal?

Eine meiner ersten Auslandsreisen zu Dreharbeiten brachte mich 1965 nach Jugoslawien. Ich spielte – unter Arthur Maria Rabenalts Regie – einen Kardinal. In dem istrischen Hafenstädtchen Pirano schlenderte ich während einer Drehpause über den Marktplatz.

In vollem Ornat. Ohne mir was zu denken.

Da fiel plötzlich eine alte Frau vor mir auf die Knie, und bevor ich's verhindern und irgendeine Erklärung geben konnte – küßte sie meinen Ring.

»Jetzt schau dir das an!« hörte ich heimische Laute und entdeckte zwei beleibte, schwitzende Touristen.

»Der ist höchstens 30!« sagte die Frau. »Und schon Kardinal.«

»Bestimmt ein Kommunist«, meinte der Mann und musterte mich mit Abscheu.

»Glaubst du, daß die das dürfen? Kommunisten zu Kardinälen machen?«

Ich war so nah dran, vor Lachen zu platzen, daß ich den Ausgang der Diskussion lieber nicht abwartete. Der jugendliche Kommunisten-Kardinal verließ den Platz im Laufschritt und wäre beinah lang hingeschlagen, als er mit dem linken Fuß im Saum seines bodenlangen roten Ornats hängenblieb.

Am gleichen Tag gab's bei den Dreharbeiten vor einer Kirche eine Störung, gegen die selbst unser arg gestreßter Regisseur nichts einzuwenden wagte. Eine Kolonne schwerer Wagen rauschte heran, stoppte, und aus dem größten und längsten Mercedes, den ich je gesehen hatte, stieg ein beeindruckender Mann mit breiter Ordensbrust und prächtiger Uniform: Josip Broz Tito.

Was wir da trieben? wollte er wissen.

Ob ihn die Antwort befriedigte, war nicht erkennbar. Er sah drei, vier Minuten schweigend zu, wandte sich um, verschwand in seinem landgängigen Schiff, und die Kolonne brauste davon.

Die Tage waren anstrengend, allein durch die Kombination von Kardinalsgewand und 35 Grad im Schatten. In Jeans und offenem Hemd fühlte ich mich abends nach Drehschluß wie von Zentnerlasten befreit. Die schmackhafte, gut gewürzte Küche half mir dann jeweils endgültig wieder auf:

Marinierter gelber Paprika

Zutaten: 4 gelbe Paprikaschoten, 1 Tl scharfer Senf, 1 gestrichener Tl Salz, 4 El Essig, 8 El Öl, 4 gepreßte Knoblauchzehen.

Die Paprikaschoten waschen, abtrocknen und – ohne Fett! – auf der Herdplatte rundum anrösten, bis die Haut sich abziehen läßt. In eine Schüssel stellen (Stiel nach oben), aus den übrigen Zutaten eine Sauce bereiten und darübergießen. Mehrere Stunden durchziehen lassen.

Eier aus Pirano

Zutaten: 8 Eier, 2 El saure Sahne, Butter, Salz, Pfeffer.

Das Eiweiß zu festem Schnee schlagen, salzen und pfeffern. Die Sahne zufügen und die Masse in eine gebutterte Form füllen. Die Eidotter einzeln darauf verteilen. Bei 180 bis 200 Grad in der Röhre backen.

Jugoslawische Dillsuppe

Zutaten: 2 Bund Dill, 1 El Mehl, 1 l Fleischbrühe, 2 Eigelb, ⅕ l saure Sahne, geröstete Semmelwürfel.

Den feingehackten Dill in heller Mehlschwitze einige Minuten dünsten, mit Fleischbrühe aufgießen und stark aufkochen lassen. Eigelb und Sahne verquirlen, die Suppe darübergießen. Mit Semmelwürfeln servieren.

Karpfen Belgrad

Zutaten: 1,5 kg Karpfen, 3 Knoblauchzehen, Selleriegrün, Petersilie, Salz, Pfeffer, 1 Zitrone, 5 El Öl.

Karpfen ausnehmen, die Haut mehrfach einschneiden. Knoblauchzehen zerdrücken, Petersilie und Selleriegrün fein hacken, alles mit Zitronensaft, Salz und Pfeffer gut verrühren. Die Hälfte der Masse dient als Füllung, mit der anderen Hälfte werden die Außenseiten bestrichen. Karpfen bei 180 Grad etwa 20 Minuten backen. 2 Tassen Wasser aufgießen und während des Garens öfter mit dem Sud begießen.

Buddhas und Bananen-Curry

Meiner Frau Karin verdanke ich viel. Unter anderem mein Leben.

1966 drehte ich auf Ceylon einen Agentenfilm mit dem Titel »Drei gelbe Katzen«. Unser Kameramann war Klaus von Rautenfeld, ein unerhört erfahrener Mann, der sich seinen Namen schon zur Zeit der alten UFA gemacht hatte und die Insel an der Südspitze Vorderindiens in- und auswendig kannte.

Für den großen Showdown hatte Rautenfeld einen geheimnisumwitterten Platz im Landesinneren ausgesucht: Anuradhapura. Tempelruinen, Buddhastatuen und Überreste eines angeblich 40 Stockwerke hohen hölzernen Hochhauses. Dazu ein See, der durch die an seinen Ufern langsam absterbenden Bäume etwas Geisterhaftes bekam.

Anuradhapura war entweder zu Fuß oder auf dem Luftweg erreichbar. Wir nahmen eine zweimotorige Uralt-Maschine, die in Colombo startete und auf einem Grasplatz am See niederging. Mein Magen hing irgendwo knapp unter dem Kehlkopf. Karin konnte der albtraumhafte Flug nicht erschüttern. Sie hatte eine Reise im Charterflugzeug hinter sich ...

Abends flippten die Eingeborenen aus, als Karin und ich oberbayerische Volksmusik samt Jodeleinlagen zum besten gaben. Am nächsten Morgen stand Ausschlafen auf dem Programm. Ich hatte nämlich eigentlich einen drehfreien Tag.

Das Hotel lag direkt an dem geisterhaften See, und von der Terrasse aus konnten wir zusehen, wie das gepanzerte Boot zu Wasser gelassen wurde.

»Siehst du das Haus am anderen Ufer? Das ist die Villa meines Todfeindes.« Ich spielte einen Gangster.

»Und mit dem Boot...«

»Mit dem Boot kurve ich über den See und beschieße die Villa aus den beiden Bordkanonen.«

»Du hast heute frei!« erinnerte Karin.

»Ich weiß. Für die Fahrt ist ohnehin ein Double engagiert.«

Der Regisseur kam auf die Terrasse, wo wir beim Frühstück saßen. Karin goß ihm einen Kaffee ein.

»Wie wär's, Sigi?« fragte er. »Reizt es dich nicht, das Boot selbst zu steuern?«

Und ob mich das reizte! Wie alles, was nach Abenteuer roch. Zu jener Zeit hielt ich's noch für männlich und stark, mich nicht doubeln zu lassen.

Ich hatte die Serviette schon auf den Tisch geworfen und war im Begriff, aufzustehen und dem Regisseur zu folgen. Da sagte Karin:

»Nein!« Sie sagte es auf eine ganz spezielle Weise. Sie meinte es ernst. »Das ist unser erstes gemeinsames Frühstück nach vielen Wochen, und ich will nicht, daß du mittendrin wegläufst!«

Der Regisseur zuckte die Achseln:

»Zu sehen bist du ohnehin nicht, also spielt es keine Rolle, wer das Boot steuert.«

Ich blieb am Frühstückstisch und sah zu, wie ein ceylonesischer Soldat in das gepanzerte Wasserfahrzeug stieg. Da war schon so ein kleines, nagendes Bedauern; ich verpaßte ja was ...

Das Boot kurvte auf den See hinaus. Per Megaphon gab der Regieassistent Anweisungen. Die Kamera lief. Das Boot hielt auf die Villa am anderen Ufer zu. Exakt im richtigen Moment feuerte mein Double die erste Kanone ab. Mannomann, war das ein Feuerstrahl, der da aus dem Rohr fauchte!

Was hatte ich mir entgehen lassen – für ein paar Minuten Frühstück!

Der Schuß aus der zweiten Bordkanone ging voll nach hinten los. Danach war es plötzlich unwirklich still. Dann schoß ein anderes Boot auf den See hinaus und ging längsseits.

Ich erinnere mich nicht gern an den Anblick, der sich bot, als man den Ceylonesen an Land brachte. Er lebte noch, aber helfen konnte ihm niemand mehr.

Eine Weile verfolgten mich Albträume, aus denen ich schreiend erwachte, mit beiden Händen mein Gesicht abtastend.

Wie gut, wenn ich Karin dann neben mir spürte und ihre beruhigende, zärtliche Stimme hörte.

Von Ceylon mochte ich nach diesem tragischen Zwischenfall, der um ein Haar *mein* Leben gekostet hätte, lange nichts mehr wissen. Auch nicht von der ceylonesischen Küche. Aber wir haben einige Rezepte mitgebracht, die nachzukochen sich jederzeit lohnt. Vorausgesetzt, man mag Curry und Sambal:

Schweinefleisch-Curry

Zutaten: 1 kg mageres Schweinefleisch, 1 Tl Chilipulver, 2 Tl Zimt, 1 Tl Ingwer, 1 Lorbeerblatt, 3 El Essig, 1 Zwiebel, 2 Knoblauchzehen, 1/10 l Whisky, 1 El brauner Zucker, 4 El Pflanzenfett, ½ l Kokosmilch, Curry.

In 1 El Öl Chili, Zimt und Ingwer anrösten. Das Fleisch in Würfel schneiden, die Zwiebel in dünne Scheiben. Alle Zutaten – außer dem Whisky, dem braunen Zucker und dem restlichen Öl – in eine Kasserolle geben, mit der Kokosmilch begießen und etwa 30 Minuten sanft köcheln lassen. Whisky und Zucker zugeben und weiterkochen lassen, bis das Fleisch gar ist. Fleisch herausnehmen und gut abtropfen lassen. Im restlichen Öl von allen Seiten braun braten, wieder in den Sud geben, nochmals erhitzen und mit Curry abschmecken. Die Kokosmilch wird aus 250 g Kokosflocken und ½ l Milch hergestellt: Die aufgekochte Milch über die Flocken gießen, etwa 24 Stunden stehen lassen und dann durch ein Tuch pressen. Mit Wasser auf ½ l auffüllen. Als Beilagen empfehlen sich Reis und ein

Bananen-Curry

Zutaten: 4 möglichst grüne Bananen, 2 El Butter, ½ Tl gemahlener Kümmel, ½ Tl Curcuma (gelber Ingwer), ½ Tl Curry, ½ Becher Joghurt, Salz.

Die Bananen der Länge nach halbieren, die Hälften in etwa fünf Zentimeter lange Stücke schneiden. Butter erhitzen und darin Kümmel und Curcuma etwa 1 Minute rösten. Die Bananen zugeben und 5 bis 10 Minuten braten. Salzen, Curry und Joghurt unterziehen und heiß servieren.

Zwiebel-Sambal

Zutaten: 2 mittelgroße Zwiebeln, einige frische Pfefferminzblätter oder ½ Tl getrocknete, 1 Tl Zitronensaft, Salz.

Die Zwiebeln sehr fein hacken, salzen und die gehackten oder gerebbelten Pfefferminzblätter dazugeben. Mit Zitronensaft abschmecken und 1 bis 2 Stunden ziehen lassen. Zwiebel-Sambal wird auf Ceylon zu allen Curry-Gerichten gereicht.

Eine echte chinesische Mahlzeit

1966 strahlte Hongkong noch eine ungeheure Faszination aus. Jedenfalls auf mich, der noch nicht viel von Asien gesehen hatte. Ich hätte mir alle Taschen zunähen müssen, um den Verlockungen nicht zu erliegen, die Hongkong als Einkaufsstadt bot.

Über den Lebensmittelmarkt hinter dem Hotel ging ich allerdings ganz ungefährdet, denn aus dem immensen Angebot stachen mir immer wieder zwei Dinge in die Augen: Schlangen und Affen.

Die Schlangen tot und abgehäutet, die Affen sehr lebendig und laut.

Trotzdem wollte ich wenigstens einmal *richtig* chinesisch essen. Wie die Einheimischen. Nicht wie das Millionenheer der Touristen.

Mit einem Taxifahrer, der ein bißchen Englisch sprach, handelte ich die Sache aus.

»Ich hab verstanden, Mister. Ich bring dich hin, wo ich selbst essen geh'.«

»Dort gibt's keine Touristen?«

»Du wirst der erste sein, Mister. Ehrenwort.«

Nach zehn Minuten Fahrt konnte ich nicht mal mehr die Himmelsrichtungen unterscheiden. Das Lokal, vor dem wir hielten, war etwa drei Meter breit. Die Gegend sah wirklich nicht aus, als würde sie in näherer Zukunft für den Tourismus erschlossen. Der Wirt und seine Familie sprachen kein Wort Englisch. Ich war froh, daß ich den Taxifahrer festgehalten hatte. Er dolmetschte für mich.

»Alles klar, Mister. Du bekommst, was der Wirt selbst ißt. Okay?«

Das war in Ordnung. Genau so, wie ich's haben wollte. Ich gab dem Taxifahrer ein üppiges Trinkgeld, er hatte sich's verdient.

Dann war ich mit dem Wirt und seiner Sippe allein. Ich fragte mich – zunächst – vergebens, weshalb ich mir so ausgeliefert vorkam ...

Die erste Platte, die auf den Tisch kam, enthielt hoch aufgetürmt eine ungeheure Menge von Wirbelknochen.

Schlangenfraß, im wahrsten Sinne des Wortes!

Der Wirt, dem bestimmt nie zuvor ein europäischer Tourist untergekommen war, stand neben dem Tisch und beobachtete mich unablässig. Er lächelte ...

Ich versuchte, wenigstens dahinterzukommen, wonach Schlange schmeckt. Vergebliche Mühe. Das Zeug war so schwarz geröstet, daß ich glaubte, Holzkohle auf der Zunge zu spüren, wenn's mir schon mal gelang, mit langen Zähnen etwas von den Wirbelknochen abzuknabbern.

Und der Wirt wartete mit seinem permanenten Lächeln auf einen Kommentar.

»Gut, gut!« würgte ich hervor und nickte, und der Wirt nickte auch und wartete darauf, daß ich mich bis zum bitteren Ende durch die Platte verkohlter Schlangenwirbel fraß.

Die Gemüseplatte, die danach auf den Tisch kam, schien zumindest eine Erholungspause anzukündigen.

Bei näherem Hinsehen entpuppte das Gemüse sich jedoch als etwas in der Art des Schierlings, aus dem wir als Buben Blasrohre gemacht haben. Und so aß es sich auch. Falls man das Wort Essen in dem Zusammenhang gebrauchen will.

Ich kaute auf den Stengeln herum, bis sie zerfaserten. Ich hatte einen undefinierbaren Geschmack im Mund. Mehr war nicht.

Das Zeug schmeckte tatsächlich auf eine furchtbare Weise nach nichts! Und der Wirt stand da, lächelnd, selbstsicher, als hätte er alle Komplimente dieser Welt verdient.

Kein Ende des Martyriums!

Platte Nummer drei enthielt in üppiger Zahl gedünstete Hahnenkämme. Leider handelte es sich nicht um einen poetischen Namen für ganz was anderes: Schillerlocken enthalten keine Haare, Mozartkugeln keinen Mozart, aber diese Hahnenkämme *waren* Hahnenkämme!

Und sie besaßen die Konsistenz von Kaugummi, aber bei weitem nicht dessen Wohlgeschmack ...

Gesündere Zähne als ich kann kein Chinese haben. Ich frage mich heute noch: Wie essen die gedünstete Hahnenkämme?

Der Wirt stand neben mir und sah und hörte mir zu und lächelte sein unergründliches orientalisches Lächeln ...

Der Affe, dem Himmel sei Dank, blieb mir erspart. Obwohl ich aufs Schlimmste gefaßt war. Denn mein Tisch hatte in der Mitte eine kreisförmige Aussparung. Und ich dachte mit Schaudern an eine zufällig mitgehörte Unterhaltung: Wie der lebende Affe von unten durch das Loch geschoben und der Kopf blitzschnell mit einem großen, scharfen Messer abgehauen und sofort in kochendes Wasser geworfen wird, darauf der Schädel geöffnet und das Hirn aus der Schale gegessen ...

Genug!

Ich zahlte. Das war – trotz unserer gegenseitigen Sprachlosigkeit – noch die leichteste Übung. In Erinnerung an eine hübsche Anekdote, die – wenn ich mich nicht irre – von Roda Roda stammt, legte ich einen Hongkong-Dollar nach dem anderen in die Hand des Wirts, und als sein Lächeln sich um eine Spur verstärkte, nahm ich die letzte Note wieder weg.

Draußen fand ich glücklicherweise bald ein Taxi, das mich zu einem von Touristen frequentierten Restaurant brachte. Dort aß ich ein wunderbar wohlschmeckendes Gericht:

Hühnerfleisch mit Nudeln

Zutaten: 2 Hähnchen, 300 g Schnittnudeln, 2 Dosen Sojakeimlinge (ca. 600 g Einwaage), 1 Stange Lauch, 3 gelbe Rüben, 5 g chinesische Baumpilze, Sojasauce, Sherry, Chinagewürz, Glutamat, Öl.

Die Pilze werden über Nacht eingeweicht, die Hähnchen nicht zu weich gekocht und gehäutet, das Fleisch in feine Streifen geschnitten, ebenso Lauch, Möhren und Pilze. In einer Pfanne etwas Öl erhitzen, Lauch und Möhren darin Farbe annehmen lassen. Das Fleisch und die Pilze zugeben und durchbraten. Zum Schluß die abgetropften Sojakeimlinge untermischen und erhitzen. Mit Sojasauce und Sherry abschmecken, Chinagewürz ist - falls nicht erreichbar - durchaus entbehrlich. Glutamat, kurz vor dem Anrichten untergerührt, verstärkt den Eigengeschmack aller Bestandteile. Die Nudeln werden in der durchgesiebten Hühnerbrühe gekocht (sie müssen noch Biß haben!) und unter die Fleisch-Gemüse-Mischung gehoben.

Auf dem Heimweg von Hongkong, wenige Tage später, hatte ich einen Zwischenstopp in Bangkok, und wie's der Zufall wollte, geriet mir dort schon wieder Federvieh auf den Teller. Nicht weniger köstlich als sein Vetter aus Hongkong, weshalb das Rezept sofort in meinen Fundus einging:

Huhn in Currycreme

Zutaten: 4 Hähnchenkeulen, 1 Knoblauchzehe, Salz, Pfeffer, 1 El Öl, 50 g Butter, 40 g Mehl, ¼ l Hühnerbrühe, ¼ l Sahne, 2 Äpfel, 1 Zwiebel, Curry, 1 Messerspitze gemahlener Ingwer.

Öl und 1 El Butter erhitzen, die Knoblauchzehe darin leicht anbraten und entfernen. Hähnchenkeulen salzen und pfeffern, kurz anbraten und langsam weichdünsten. Die Zwiebel fein hacken, die geschälten Äpfel in kleine Würfel schneiden. In der restlichen Butter die Zwiebel glasig dünsten und die Apfelstückchen leicht anbraten. Das Mehl hell anschwitzen und mit der Hühnerbrühe und der Sahne aufgießen. Ausquellen lassen, mit Salz und Curry abschmecken und den Ingwer hinzufügen. Die Sauce kommt über das Fleisch. Als Beilage paßt körniger Reis mit gerösteten Mandeln und in Butter gebratenen Bananen.

Calgary:
Bohnen und ein Rodeo

Mein kanadisches Abenteuer begann 1967 mit einer ganz unverfänglichen Frage.

»Kannst du reiten?« erkundigte ein Produzent sich telefonisch.

»Klar kann ich reiten!«

»Du hast also jedenfalls schon mal auf einem Pferd gesessen?«

Wer nicht! – Mich muß damals jemand geritten haben, nämlich der Teufel. Anstatt schlicht ja zu sagen, gab ich eine komplizierte Antwort, der jeder Gutgläubige entnehmen mußte, daß ich praktisch auf Pferderücken aufgewachsen war.

Dann fuhr ich zur nächsten Reitschule und bestieg das erste wirkliche Pferd meines Lebens. Das wurde mir klar, als ich oben saß. Vorher hatte ich keine Ahnung gehabt, wie hoch diese Tiere sind, wenn man 'runterschaut.

Das Drehbuch kam. Meine erste Szene spielte während der berühmt-berüchtigten Calgary-Stampede, *dem* Rodeo schlechthin.

»Eine Gruppe von Cowboys unterhält sich«, stand da. »In der Mitte Anthony, der kühnste von allen.«

Siegfried-Anthony rutschte das Herz irgendwohin, wo es nichts zu suchen hatte. Ich ging sozusagen innerlich in die Knie.

Aber ich hatte noch nie gekniffen. Also unterschrieb ich den Vertrag – und nahm fleißig Reitunterricht.

In Calgary – das liegt im Westen Kanadas, etwa 200 km nördlich der Grenze zu den USA – war's toll.

Man kann auch sagen: Die Hölle war los!

Als das Rennen der Sechsspänner begann, tobte das Volk, daß ich Angst um meine Trommelfelle hatte. Zu sehen war nichts – Akteure und Zuschauer steckten in derselben, riesigen gelben Staubwolke.

Ich stand zwischen all den echten Cowboys und wußte, was für ein Super-Greenhorn ich war, ohne daß mir's jemand sagte.

Unser Regisseur kam aus Italien. Ein quickes Kerlchen, aber soviel *echter* Wildwest-Atmosphäre nicht gewachsen. Er mußte ständig mit Beruhigungsmitteln versorgt werden, damit er sich nicht selbst in der Luft zerriß.

Die Cowboys amüsierte das sehr.

Mir war's recht. Es lenkte sie wenigstens vorübergehend von mir ab.

Dann kam der schrecklichste Augenblick. Sie zeigten mir Anthonys Pferd.

Und ließen mich nicht näher als auf ein paar Meter heran.

Ein Profi ritt das Ding, das ständig mit mindestens vier Beinen gleichzeitig in der Luft zu sein schien, dessen Augen Blitze schossen und aus dessen Nüstern ...

Nein, Stichflammen kamen nicht heraus; es hätte mich aber nicht gewundert, wenn's so gewesen wäre.

Ich aber wurde zu einem gesattelten hölzernen Bock geführt. (Ein Elektrischer Stuhl hätte mir kaum unsympathischer sein können.) Unter dem dreckigen Grinsen all der harten Männer schwang ich mich auf das alberne Ding, das prompt begann, Reitbewegungen nachzuahmen, während die Kamera mich von der Hüfte aufwärts auf den Film bannte.

Schritt, Trab, Galopp ...

Immerhin, ich blieb oben. Und machte offenbar nicht mal eine schlechte Figur.

Aber als ich, mutig geworden, am nächsten Tag auf den richtigen Gaul wollte, geriet ich nur an taube Ohren. Einer der Profis hatte mein Kostüm bereits angezogen und drehte die gefährlichen Szenen.

Und das war auch richtig so.

Denn was wäre passiert, wenn ich mich durchgesetzt, das Pferd bestiegen hätte und mit gebrochenen Knochen im Staub gelandet wäre?

Der Film wäre geplatzt. Die Produktion hätte sich einen neuen Anthony suchen und noch einmal von vorn beginnen müssen. Natürlich geht niemand ein so hohes – finanzielles – Risiko ein, es sei denn, er ist ein Narr.

Als der Film im Kasten war, wollte ich über die USA nach Hause fliegen. Ich war noch nie in den Staaten gewesen und wußte nicht, daß ich ein Visum brauchte. Und für das Visum Paßbilder. Als ich das von einem amerikanischen Kollegen erfuhr, war's vier Uhr nachmittags. Um fünf schloß das US-Konsulat. Und in Calgary gab's nur einen Fotografen, der Paßbilder machte. Mit einer Plattenkamera, wie ich sie zuletzt im Deutschen Museum in München gesehen hatte.

24 Stunden Lieferzeit.

Während der ersten zehn Minuten, die ich auf ihn einredete, schüttelte der Fotograf nur beharrlich den Kopf. Dann gab er nach.

Vermutlich, um mich loszuwerden.

Ich bekam meine Paßbilder innerhalb 50 Minuten. Tropfnaß, aber ähnlich. Ich war drei Minuten vor Torschluß im Konsulat.

Hinter einem knapp tennisfeldgroßen Schreibtisch saß ein geschniegelter, chemisch gereinigter, gebügelter Amerikaner und betrachtete den verdreckten Burschen in Cowboykluft nicht nur mit Mißtrauen und Abneigung, sondern mit spürbarer Angst.

Tatsächlich kam's mir vor, als wanderten einige heimtückische Schmutzpartikel ganz stiekum über den Tennisplatz, um sich im gepflegtesten aller grauen Flanellanzüge zu verstecken ...

»Tut mir leid«, murmelte ich. »Zum Baden und Umziehen war beim besten Willen keine Zeit.«

»You want a visa? What do you want in the United States?« Er sprach seinen Verdacht nicht aus, aber der Stimme nach hielt er mich für fähig, die Stars and Stripes zu schänden, Fort Knox auszuräumen und den Präsidenten zu ermorden, und das alles an einem Vormittag.

Ich erklärte ihm, daß ich eigentlich ein ganz ordentlicher Mensch sei, meist auch gewaschen und sauber gekleidet. Zufällig hatte er von dem Film gehört. Und kannte einige Leute, die ich während der Dreharbeiten kennengelernt hatte.

Ich bekam mein Visum. Zwanzig Minuten vor dem Start der Maschine.

So importierte ich all den kanadischen Staub gezwungenermaßen in die

Vereinigten Staaten. Mittlerweile kam ich mir schon ziemlich echt vor und fand es richtig schade, mich von der Cowboykluft und den Dreckkrusten zu trennen.

Gegessen habe ich in Kanada meist sehr deftig. Es gab eben Cowboykost, für Männer, die abends wissen, was sie getan haben. Die mitgebrachten Rezepte taugen jedoch für Kalorien-Normalverbraucher:

Frischer Lachs in Sahnesauce

Zutaten: 4 Scheiben Lachs, 3 cm stark, 4 El Öl, Salz, 1 Zitrone, 2 El gehackte Petersilie, 2 El Butter, 4 El süße Sahne, 2 El Kapern.

Den Lachs von beiden Seiten gründlich salzen. Das Salz einziehen lassen. Aus Öl, Petersilie und dem Saft einer halben Zitrone eine Marinade bereiten und die Lachsscheiben damit beträufeln. 30 Minuten ruhen lassen. Die Butter erhitzen und den Lachs von jeder Seite etwa 5 Minuten braten, dabei ständig etwas von der Marinade darübergießen. Den Lachs herausnehmen und warmstellen. Die Sahne in den Fond einrühren. Die zweite Hälfte der Zitrone schälen, in dünne Scheiben schneiden und zusammen mit den Kapern in der Sahnesauce ziehen lassen. Die Sauce unmittelbar vor dem Servieren über den Lachs gießen. Schlichte Salzkartoffeln sind die angenehmste Beilage.

Calgary Beans

Zutaten: 500 g weiße Bohnen, 2 Zwiebeln, 1 Tl Nelken, Salz, 75 g brauner Zucker, 2 El Sirup, 1 Tl Senfpulver, ½ Tl schwarzer Pfeffer, 500 g gepökeltes mageres Schweinefleisch.

Die Bohnen werden über Nacht eingeweicht, danach gesalzen, etwa eine halbe Stunde gekocht und abgegossen. Die Zwiebeln werden mit Nelken gespickt und kommen in einen Topf mit dicht schließendem Deckel. Die Bohnen werden darübergeschüttet. 50 g Zucker werden mit dem Sirup und den Gewürzen in ½ l Wasser gegeben, gut vermischt und über die Bohnen gegossen. Schließlich wird das Fleisch in Würfel geschnitten und unter die Bohnen gemengt. Der geschlossene Topf kommt bei 180 Grad für 4 bis 5 Stunden in die Röhre. Erst ganz zum Schluß wird der Deckel abgenommen, der restliche Zucker aufgestreut und das Gericht so überbacken. Zwischendurch muß hin und wieder etwas heißes Wasser zugegossen werden. Mit geringen Variationen ist dieses Gericht im ganzen Norden zu Hause, beiderseits der kanadisch-amerikanischen Grenze. Es schmeckt besonders gut mit einem kräftigen dunklen Brot – und einem frischen Bier.

Cranberry Snow

Zutaten: 300 g Preiselbeeren, 2 El Zucker, ⅛ l Rotwein, 1 Zimtstange, 4 Eiweiß, 2 Tl Zitronensaft, 4 El Zucker, 1 Messerspitze Zimt.

Die Preiselbeeren werden mit dem Zucker und der Zimtstange ungefähr 5 Minuten im Rotwein gekocht, dann läßt man die Masse erkalten. Das Eiweiß wird mit dem Zitronensaft steifgeschlagen, der Zucker allmählich hinzugegeben. Wenn der Schnee fest ist, werden die Preiselbeeren daruntergemischt. Zur Garnierung verwendet man frische Preiselbeeren. Sofort servieren!

Im zweiten Stock mit 60 km/h

In Frankreich machte ich im selben Jahr eine komische Agentengeschichte mit dem Titel »Der Heilige mit der MP«. Regisseur Christian Jaques hatte das ganze bewährte Team aus »Fanfan der Husar« zusammen und dazu das beste Stuntmenteam, das in Frankreich überhaupt aufzutreiben war, an der Spitze der große Gil de la Mare.

Beste Voraussetzungen also für gute, profihafte Arbeit.

Jean Marais war mein Gegenspieler. Einer wie der andere waren wir versessen darauf, unsere Sportlichkeit und Fitness zu beweisen. Nicht, daß wir den Stuntmen etwas wegnehmen wollten! Aber das meiste von dem, was die machten, konnten wir auch.

Oder bildeten es uns ein.

»Wir haben also morgen früh die Szene auf dem Autotransporter«, sagte Christian Jaques nach einem langen Drehtag, als wir uns bei einem Glas vin rouge erholten. Er sah mich an: »Du springst vom Führerhaus auf das obere Deck. Dort kommt es zum Kampf zwischen dir und Jean. –

Natürlich machen das Gil und seine Leute.«

Ich tauschte einen Blick mit Jean Marais. Jaques' Feststellung hatte nicht sehr endgültig geklungen. Eigentlich nicht mal besonders überzeugt.

»Warum läßt du uns die Szene nicht drehen?«

»Das wäre natürlich sehr schön«, sagte der Regisseur gedehnt. »So kämen wir ohne Schnitte zu ein paar überzeugenden Großaufnahmen. Aber traust du dir das denn zu?«

»Natürlich.«

»Jean?«

Marais grinste und nickte:

»Wo ist die Schwierigkeit? Ich werde Sigi packen und vom Wagen werfen. Voilà!«

»Was sagst du dazu?« wandte Christian Jaques sich an Gil de la Mare.

»Die beiden können das«, nickte der Stuntman.

Damit war es beschlossene Sache: Jean Marais und ich würden uns am nächsten Tag nicht doubeln lassen.

Ich schlief gut in dieser Nacht. Falls ich von dem bevorstehenden Abenteuer träumte, hatte ich's jedenfalls beim Aufwachen schon vergessen.

Christian Jaques ging die Szene vor Drehbeginn noch einmal minuziös mit allen Beteiligten durch. Ich konzentrierte mich auf das, was er mir sagte:

»Also, du springst vom Führerhaus hinauf auf das obere Deck. Du duckst dich hinter einen der Wagen, du schleichst dich an, aber Jean sieht dich. Es kommt zum Kampf.«

Folgten die verschiedenen Schläge, die Ausrutscher, die Clinchs ... Alles, bis zum – für mich – bitteren Ende:

»Dann wirft Jean dich, und du stürzt vom Wagen. Du mußt schreien, Sigi! Du stürzt in den Tod, und die Kamera wird ganz dicht dran sein, deinen Gesichtsausdruck festhalten, das Entsetzen in der Sekunde unmittelbar vor dem Ende!«

Wir probten alles, und es klappte großartig. Nur den Sturz probten wir natürlich nicht. Das wäre zu aufwendig gewesen.

Neben der Straße, über die der riesige Autotransporter fuhr, war an der entsprechenden Stelle ein Holzgerüst aufgebaut, bestückt mit einer Unzahl leerer Kartons. Auf nichts stürzt sich's besser, als auf solche Kartons! Sie erlauben Fallhöhen bis zu zwölf Meter – einen einigermaßen geübten Mann vorausgesetzt. Heu, Stroh, Schaumgummi: Nichts ist so gut wie mehrere Lagen leerer Kartons mit ihrem Knautscheffekt. Aber der Aufbau macht sehr viel Arbeit, und man braucht für jeden Sprung oder Sturz neue Kartons.

Ich hatte keine Angst.

Die kam erst, als es ernst wurde und der Transporter mit etwa 60 Stundenkilometern über die Straße brauste.

60 Kilometer: Ein irres Tempo, wenn man es stehend, kletternd und springend erlebt. Und noch dazu sozusagen im zweiten Stock ...

Aber so plötzlich die Angst gekommen war, so rasch verflog sie. Ich sprang auf die obere Plattform des Transporters, und zehn Sekunden später gingen Jean und ich mit Ketten aufeinander los.

Ein langer, harter Kampf, der uns beide bis zur Erschöpfung forderte – auch oder gerade, weil wir vermeiden mußten, einander hart zu treffen.

Wir bekamen ein Zeichen: Die letzte Einstellung, absoluter Höhepunkt der Szene. Jean versetzt mir den vorentscheidenden Kinnhaken, und ich fliege rücklings auf die Fronthaube eines R 4, rolle mich ab, komme noch einmal auf die Beine, springe meinen Gegner an, will seine Kehle umklammern – aber er ist um Sekundenbruchteile schneller, packt mich und wirft mich ...

Als er mir den Kinnhaken versetzte, sprang ich so richtig hoch, flog im Bogen durch die Luft und knallte auf die Wagenhaube. Ich hatte ein fabelhaftes Gefühl, was die Echtheit der Darbietung betraf. Ich kam auch richtig wieder auf die Beine, doch als ich Jean ansprang, wurde plötzlich alles rot.

Da lief mir das Blut in Strömen übers Gesicht.

Ich spürte keinen Schmerz, fragte mich verwundert: Was ist jetzt los? Und befahl mir im selben Augenblick, weiterzumachen, auch mit dem Gedanken, daß all das Blut sich bestimmt sehr gut und echt ausnahm ...

Dann war ich auch schon in der Luft und fiel und fiel und hielt die Luft an, von tödlicher Angst erfüllt, auf der Straße zu zerschellen.

Aber ich landete sicher, ohne mir eine weitere Schramme zu holen, auf dem Holzgerüst mit den Kartons.

Von weither drangen aufgeregte Stimmen an meine Ohren. Dann waren sie alle da, der besorgte Christian Jaques voran.

Ich betastete meinen Kopf. Meine Hände waren sofort voller Blut, aber die Wunde schien nicht besorgniserregend. Manche harmlosen Kopfwunden können ja überraschend stark bluten.

»Was ist eigentlich passiert?« fragte ich, als Jean Marais zwischen den anderen auftauchte.

»Dein Sprung nach dem Kinnhaken war zu gut«, sagte er und grinste. »Du bist mit dem Kopf gegen diese kleine Düse geflogen, aus der das Wasser für die Scheibenreinigung kommt.«

Sie halfen mir von dem Gerüst. Ich war benommen und schwindlig, offenbar eine Folge des Blutverlusts.

Der Produzent fuhr mich selbst ins nächste Krankenhaus, wo die Wunde gesäubert und genäht wurde. Er war ziemlich grantig.

»Warum machen Sie etwas, was Sie nicht können? Sie haben gesagt, Sie können das, aber Sie konnten es nicht! Jetzt haben wir die Bescherung!«

Er hatte recht. Als Stuntman war ich eben ein Dilettant. Ein Profi hätte alle Möglichkeiten einkalkuliert, der hätte die verflixte kleine Düse nicht übersehen, sondern sie mit Schaumstoff abgedeckt.

Glücklicherweise bedeutete mein Unfall keine Verzögerung der Dreharbeiten. Und als die Muster aus dem Labor kamen, beglückwünschte Christian Jaques mich:

»Ungeheuer echt, Sigi! Magnifique! Wirklich, ungeheuer echt!«

Kunststück.

Auch Gil de la Mare kam zu mir und sagte:

»Gute Arbeit, Sigi.«

Darauf war ich richtig stolz. Denn Gil - Weltmeister der Fallschirmspringer im Freien Fall, Weltrekordler im Truckfliegen von der Schanze - war einer der ganz Großen in seinem Beruf und in Frankreich unbestritten der beste aller Stuntmen. Obendrein ein reizender, charmanter Mensch.

Er ist dann auf tragische Weise ums Leben gekommen. Nicht bei einem besonders riskanten Trick, sondern bei einem für Gil lachhaft simplen Manöver.

Er hatte die Kamera in einem Cabrio zu passieren, sollte - mit Hilfe von Gas und Bremse - eine 180-Grad-Schleuderwende machen und zurückkommen.

Jeder geschickte Autofahrer kann das!

Es wurde probiert. Gil raste an der Kamera vorbei, bremste, schleuderte – und der offene Wagen kippte um.

Gil war auf der Stelle tot. Genickbruch. Die beiden Mitfahrer kamen mit dem Schrecken davon.

Gil de la Mares Schicksal ist kein Einzelfall. Es ereignet sich immer wieder, daß erfahrene Stuntmen ihr Leben bei für sie harmlosen Arbeiten lassen.

Von dem Essen, das Christian Jaques nach Drehschluß gab, habe ich zwei Rezepte mitgebracht. Das erste ist ein Original und unterscheidet sich ganz wesentlich von all den Variationen, die heute unter demselben Namen laufen, nicht nur in Deutschland oder in weit vom Entstehungsort entfernten französischen Landesteilen, sondern auch in Nizza selbst:

Salade Nicoise

Zutaten: 250 g grüne Bohnen, 250 g Tomaten, 250 g frisch gekochte Kartoffeln (Pellkartoffeln), 100 g schwarze Oliven, 2 Tl Kapern, 12 Anchovisfilets.
Für die Sauce: 2 El Essig, 5 El Olivenöl, ½ Tl Salz, Pfeffer aus der Mühle.

Die Bohnen in Salzwasser kochen, abtropfen und auskühlen lassen. Die kalten Kartoffeln in dünne Scheiben schneiden, die Tomaten in dicke Scheiben schneiden. In die Mitben. Mit Anchovis, Kapern und Oliven garnieren. Die Sauce zusammenmischen und über den Salat gießen, der danach 30 Minuten stehen muß.

Kartoffel-Gratin

Zutaten: 1,5 kg Kartoffeln, 2 Becher süße Sahne, Milch, Salz, Pfeffer, Butter, 100 g Gouda oder Emmentaler.

Die Kartoffeln schälen und in dünne Scheiben schneiden. Eine gebutterte Auflaufform mit den Kartoffelscheiben auslegen. Jede Lage salzen und pfeffern. Sahne angießen und mit Milch auffüllen, so daß die Kartoffeln eben bedeckt sind. Im vorgeheizten Rohr bei 200 bis 225 Grad etwa 60 Minuten backen. Nach der Hälfte der Zeit den geriebenen Käse auf dem Auflauf verteilen und Butterflocken aufsetzen. Besonders schmackhaft als Beilage zu kaltem Braten oder Kurzgebratenem.

Meeresfrüchte und der Dieb von Palermo

Mit Christian Jaques und dem ganzen Team von »Der Heilige mit der MP« flog ich zwischendurch zu Außenaufnahmen nach Sizilien. In Palermo war's nicht auszuhalten bei 40 Grad im Schatten. Ein paar Kilometer nordwestlich, in dem Küstenstädtchen Mondello, fanden wir's erträglicher.

Ich verbrachte jede halbe Stunde, in der ich nicht gebraucht wurde, entweder in meinem relativ kühlen, dämmrigen Hotelzimmer – oder unter einem Sonnenschirm in der Nähe des Wassers.

In Mondello habe ich gelernt, Meeresfrüchte zu essen – und zu lieben.

Ursache waren die Fliegen.

Diese Fliegen saßen zu Tausenden auf jedem Stück Fleisch in jeder Metzgerei. Als ich das beim ersten Bummel durch die engen Gassen der Altstadt sah, drehte sich mir fast der Magen um, und ich schwor mir, kein Fleisch zu essen, solange ich auf Sizilien war.

Halb und halb hatte ich mich bereits damit abgefunden, ausschließlich von Brot, Wein und Obst zu leben.

Da kam ich in den Fischerhafen und sah, wie jeder Fischer direkt vor dem Boot seinen Tisch aufbaute und seinen Fang in erstaunlich kurzer Zeit zubereitete, um ihn an Ort und Stelle zu verkaufen. Der Tintenfisch zum Beispiel kam in kochendes Wasser, wurde herausgenommen, zerteilt und dem Hungrigen auf einem Stück Papier gereicht. Dicke, saftige Zitronen lagen halbiert auf einer großen Platte, und jeder beträufelte seinen Imbiß nach Geschmack. Es gab Muscheln, Gamberetti, Gamberoni, Langustinos, Conchiglie, Vongole und eine Menge bizarr aussehender Tiere, von denen ich noch nie gehört und die ich unter anderen Umständen bestimmt nicht für eßbar gehalten hätte.

Hier ließ mir alles das Wasser im Mund zusammenlaufen. Nicht nur der von Tisch zu Tisch wechselnde Anblick der aus damals noch sauberem Meer stammenden Köstlichkeiten, sondern ebenso der sichtbare und hörbare Genuß, mit dem die Einheimischen sie vertilgten.

Für ein paar Lire, geradezu lächerlich billig, aß ich mich im Lauf der Tage vom ersten bis zum letzten Tisch durch – und wieder zurück.

Für die Sizilianer waren diese Stände mit frisch zubereiteten Meeresfrüchten und Fischen so selbstverständlich wie für uns die Würstchenbude an der Ecke. Nachdem ich auf den Geschmack gekommen war, begann ich, die Menschen im Süden zu beneiden.

Ich tu's heute noch.

Sizilien – das war für mich und die meisten Kollegen gleichbedeutend mit Mafia, mit Verbrechen, mit unkalkulierbarer Gefahr. Ich gebe zu, daß ich Angst gehabt habe, als wir – auf der Suche nach geeigneten Drehorten – durch die finsteren Mafia-Dörfer kamen, zum Beispiel durch das berüchtigte Corleone im Hinterland von Palermo.

Ich war nicht allein mit dieser Angst.

Aber wir waren dort gewiß sicherer als zum Beispiel bei einem abendlichen Gang durchs Frankfurter Bahnhofsviertel. Seinerzeit galt noch die Regel, daß Fremde – Touristen vor allem – tabu waren. Die meisten Menschen begegneten uns freundlich, auch gastfreundlich. Und wer nichts mit den Fremden zu tun haben wollte, der hielt sich einfach zurück.

Natürlich kam es trotzdem zu einigen Zwischenfällen. Aber nicht im unzugänglichen, als überaus gefährlich geschilderten Bergland, sondern in Palermo. Mitten in der Stadt und am hellichten Tag.

Eine liebe Kollegin mit einer Schwäche für Goldschmuck war auch auf Sizilien nicht davon abzubringen, sich jedesmal mit einem ganzen Sortiment von Ringen, Ketten und Armbändern zu schmücken, wenn sie ausging.

Sie wurde gewarnt! – Sie schlug alle Warnungen in den Wind.

Wir waren nach Palermo gefahren, um uns zu vergewissern, daß die Buchungen für den Rückflug in Ordnung gingen. Wir schlenderten über eine palmenbestandene Promenade und sahen uns nach einer Bar mit Klimaanlage um.

Plötzlich saust ein kleiner Junge auf uns zu. Ein Dreikäsehoch, nicht älter als sieben oder acht Jahre. Schwarzes Haar, riesige schwarze Augen, schmutzigbraune Haut. Ein hübscher kleiner Kerl und so ungefährlich wie ein Kätzchen.

Er läuft genau auf meine Begleiterin zu, springt an ihr hoch, lacht, ist schon zwei, drei Schritte weiter und verschwindet in der Menge.

»Also, hast du das mitbekommen!?« fragt meine Kollegin empört und muß gleichzeitig lachen. »Der kleine Bastard! In die Brust hat er mich gekniffen!«

Fünf Sekunden später schrie sie laut und gellend auf, so daß zwei, drei Dutzend Neugieriger sich nach uns umdrehten. Unter der frischen Sonnenbräune war sie kalkweiß geworden und stammelte:

»Meine Kette! Die schwere Gliederkette! Sie ist weg!«

Und sie blieb weg. Der kleine Kerl mit den großen schwarzen Augen, den wir für nichts anderes als frühreif gehalten hatten, entpuppte sich als geschickter Räuber. Und als Kenner. Unter den vier Ketten, die meine Kollegin an jenem Tag trug, hatte er sich mit sicherem Griff für die wertvollste entschieden.

Unsere Suche blieb selbstverständlich ebenso erfolglos wie die Anzeige bei der Polizei.

Auch beim Einkaufen in Palermo mußte man sich vorsehen.

Unverzollte Zigaretten, zum Beispiel, wurden an jeder Ecke angeboten. Stangenweise. Spottbillig.

Manchmal waren in einer Stange wirklich zehn Päckchen Zigaretten, und man hatte ein gutes, wenn auch nicht ganz legales Geschäft gemacht.

Manchmal war nur die oberste Packung mit den weißen Stäbchen gefüllt – und alle anderen enthielten Sägemehl.

Christian Jaques ist nicht nur ein begabter Regisseur, sondern auch ein sympathischer Mensch. Er wußte, wie den meisten von uns die Hitze zusetzte, vielen auch die ungewohnte Küche. Und so ließ er sich immer wieder etwas einfallen, um die Mannschaft bei Laune zu halten.

Entdeckte er eine Rosticceria mit besonders verlockendem Angebot, dann kaufte er gleich eine üppige Brotzeit für alle ein.

Bei einer solchen Gelegenheit stieß er auf einen ganz besonders guten Marsala.

Jaques liebte diesen goldgelben, feurigen Süßwein von der Westküste Siziliens. Er kaufte gleich 30, 40 Flaschen davon, und wir mußten alle probieren und unser Urteil abgeben.

»Ah, es ist der beste Marsala, den ich je getrunken habe!« schwärmte Jaques.

Und trank noch ein Glas. Und noch eins. Und die meisten von uns hielten mit.

Manchmal fängt es wirklich ganz harmlos an, und schon ist ein Drehtag beim Teufel ...

Auf Sizilien – vor allem im Hinterland – konnte man zu jener Zeit noch tolle Schnäppchen machen: Antiquitäten und Volkskunst zu lachhaft niedrigen Preisen. Besonders beliebt – das sind sie ja auch heute noch – waren die Hochzeitswagen oder einzelne Teile davon. Das kunstvolle Schmiedeeisen ebenso wie die bemalten hölzernen Aufbauten.

Manche meiner Kollegen kauften geradezu hemmungslos und schienen vollkommen zu vergessen, wie teuer Luftfracht ist.

Aber einer aus der Clique bewies das richtige Gespür zum Sparen. Er entdeckte nämlich auf dem Flugplatz von Palermo eine Waage, deren Platte man ganz unauffällig mit dem Fuß blockieren konnte. So verwandelten sich Holz und Eisen in nahezu federleichte Gegenstände ...

Nachdem ich Meeresfrüchte, auf einfachste Art zubereitet, am Hafen von Mondello kennen und lieben gelernt hatte, aß ich sie in sizilianischen Restaurants auch in raffinierteren Variationen. Einige der Rezepte koche ich regelmäßig.

Scampi Mondello

Zutaten: 1 kg Scampi, 100 g Mehl, 6 El Olivenöl, 150 g zerlassene Butter, 12 Zehen sehr feingehackter Knoblauch, 3 Bund feingehackte Petersilie, 1 El feingehackter Fenchel, Buttersauce.

Die Scampi werden gut gewaschen und abgetrocknet, dann leicht gesalzen und gepfeffert und in einer siedenden Mischung aus Butter und Öl ungefähr acht Minuten gebraten. Alle übrigen Zutaten kommen in die Buttersauce, mit der die Scampi vor dem Servieren übergossen werden. Reis ist als Beilage am besten geeignet.

Sizilianisches Muschelragout

Zutaten: 2 kg frische Muscheln (geeignet sind neben Miesmuscheln auch Vongole) oder 500 g Muschelfleisch, 1 Glas Weißwein, 2 Zitronen, 3 kleine Zwiebeln, 250 g Champignons, 3 Sardellenfilets, 2 El Mehl, 50 g Butter, 2 El gehackte Kräuter (z.B. Thymian, Basilikum, Petersilie), Salz, Pfeffer.

Frische Muscheln in einem alten Topf ohne Wasser erhitzen, bis sie sich öffnen. Herausnehmen und säubern. Eine Tasse Wasser (bei Konserven das Muschelwasser), Wein und den Saft einer Zitrone aufkochen. Champignons und Zwiebeln fein aufschneiden und in Butter dünsten. Die Muschelsauce hinzugeben. Das Mehl mit der restlichen Butter verkneten, mit den Kräutern und den feingewiegten Sardellenfilets in die Sauce geben und alles ein paar Minuten durchkochen lassen. Dann die Muscheln dazugeben und heiß werden lassen. Zum Schluß kommt der Saft der zweiten Zitrone dazu, mit Salz und Pfeffer wird abgeschmeckt. Auch hierzu schmeckt (Risotto-)Reis am besten.

Gebackene Tomaten auf sizilianische Art

Zutaten: Je nach Größe 4 bis 8 reife, aber noch feste Tomaten, 2 El Olivenöl, 1 feingehackte Zwiebel, ½ Tl feingehackter Knoblauch, 4 Anchovisfilets (10 Minuten in kaltes Wasser gelegt und feingehackt), 200 g Thunfisch in Öl (nach Möglichkeit italienischer), 3 El gehackte Petersilie, 2 El Kapern, 6 feingehackte schwarze Oliven, 1 El frisch geriebener Parmesan, 1 Tasse frische Weißbrotkrumen.

Den Ofen auf 165 Grad vorheizen. Von den Tomaten Deckel abschneiden, die Früchte aushöhlen, innen salzen und umgekehrt auf Küchenkrepp abtropfen lassen. In der Zwischenzeit das Olivenöl erhitzen, Zwiebeln und Knoblauch darin glasig rösten. Weißbrotkrumen, Anchovis und den in kleine Stücke gerupften Thunfisch hineingeben und unter Umrühren 1 bis 2 Minuten kochen.
Die Pfanne vom Feuer nehmen, Petersilie, Kapern und Oliven hinzufügen. Ist die Füllung zu krümelig, etwas Olivenöl hineinrühren. Die Tomaten füllen, mit Parmesan bestreuen, in eine geölte Form setzen und 20 bis 30 Minuten backen. Man kann die Tomaten – mit frischer gehackter Petersilie bestreut – ebensogut kalt wie heiß servieren.

Spaghetti Syrakus

Zutaten: 400 g Spaghetti, 500 g Fleischtomaten, 300 g Auberginen, 2 grüne Paprikaschoten, 2 El schwarze Oliven, 1 El Kapern, 2 Knoblauchzehen, Salz, Pfeffer, Basilikum, Öl.

Auberginen schälen und in kleine Würfel schneiden, leicht salzen, etwa eine Stunde stehenlassen, die Brühe abgießen und die Würfel leicht ausdrücken. Tomaten entkernen und sehr klein würfeln. Paprika in schmale Streifen schneiden. Oliven entkernen und vierteln. Das Öl erhitzen und alle Gemüse darin anbraten. Salz, Pfeffer, Basilikum und durchgepreßten Knoblauch zufügen und gar dünsten. Auf die in Salzwasser al dente gekochten Spaghetti gießen, mischen und sofort servieren.

Spaghetti so zu kochen, daß sie den richtigen Biß haben, macht vielen Leuten Schwierigkeiten. Hier mein Kniff, der das Gelingen garantiert: Reichlich Salzwasser mit einem El Öl zum Kochen bringen, Spaghetti hineingeben und etwa 1 Minute sprudelnd kochen lassen. Den Topf vom Feuer nehmen, ein zusammengefaltetes Küchentuch zwischen Topf und (möglichst gut schließenden) Deckel legen und die Spaghetti noch 7 Minuten ziehen lassen.

Braciole

Zutaten: 4 Schweinskoteletts, Öl, Essig, Salz, Pfeffer, Majoran.

Die Koteletts in allen Gewürzen 2 bis 3 Stunden marinieren. Auf dem Rost braten, mit der Beize begießen und sehr heiß servieren. Stangenbrot schmeckt am besten dazu.

Cassata alla Siciliana

Zutaten für den Teekuchen: 200 g Mehl, 50 g Stärke, 2 Tl Backpulver, 150 g Zucker, 1 Prise Salz, einige Tropfen Zitronenaroma, ⅛ l süße Sahne, 4 El Öl, 2 Eier.

Mehl, Stärke, Zucker, Salz und Backpulver gut mischen. Die übrigen Zutaten zufügen. Den Teig rühren, bis er glatt ist. Eine Kastenform fetten und mit Semmelbröseln ausstreuen. Den Teig einfüllen und bei 180 Grad 60 bis 70 Minuten backen.

Zutaten für die Füllung: 600 g ausgepreßter Quark, 2 bis 3 El süße Sahne, 2 El Zucker, 2½ El Orangenlikör, 50 g geraspelte Schokolade, 100 g grobgehackte kandierte Früchte (z.B. Ananas und Kirschen).

Alle Zutaten zu einer nicht zu weichen Creme rühren. Den erkalteten Kuchen horizontal in ein bis zwei Zentimeter dicke Scheiben schneiden. Die Scheiben mit der Creme bestreichen und wieder zusammensetzen.

Zutaten für den Überzug: 200 g Zartbitter-Schokolade, 5 El starker Kaffee, 150 g Butter.

Die Schokolade im Kaffee bei mäßiger Hitze schmelzen und vom Herd nehmen. Nach und nach die kalte, in Stückchen geschnittene Butter unterrühren, bis die Mischung glatt ist. Die Masse kaltstellen, bis sie streichfähig ist. Den Kuchen damit überziehen und verzieren. Mit Alufolie locker abdecken und für mindestens einen Tag in den Kühlschrank stellen.

Die beste Zwiebelsuppe der Welt

»Wir werden nicht mehr in den Wald gehen« hieß der Film, den ich 1968 in Frankreich drehte. Die Außenaufnahmen fanden in der Nähe von Paris statt, und ich spielte einen desertierten deutschen Offizier, der sich einer französischen Widerstandsgruppe anschloß.

Die Uniformen waren echt. Sie kamen aus einem Pariser Fundus, wo sie offenkundig jahrelang ungelüftet und von Menschenhand unberührt gelagert hatten. Um es kurz zu machen: Sie waren nicht nur unvorstellbar schmutzig, sie hatten auch ein reges »Innenleben«.

Als ich auf meiner Hand ein dunkles Pünktchen entdeckte, hielt ich es für den Schorf einer winzigen Wunde. Ich wollte ihn wegkratzen.

Da bewegte er sich.

Ich war nicht sehr bewandert in der einschlägigen Zoologie. Ein Kollege half mir bei der Identifizierung. Ich weiß noch, es gab Wanzen, Filzläuse – und einige andere Spezies, von denen ich nur die französischen Namen wußte und mittlerweile wieder vergessen habe.

Ein allerliebster kleiner Zoo, nur leider auf die Dauer entschieden lästig.

Wir filmten im tiefen Wald. Weit und breit gab's nur ein einziges, gottverlassenes Dorf. Und darin eine Apotheke.

Die Zeit schien hier irgendwo gegen Ende des Zweiten Weltkriegs stehengeblieben zu sein. Und da erschien ich auf der Bildfläche, ein schmutziges, verlaustes Subjekt, aber zweifelsfrei ein deutscher Offizier.

Türen schlossen sich. Fenster wurden zugeknallt. Ich war viel zu sehr mit den beißenden, blutsaugenden Schmarotzern beschäftigt, als daß ich mir was dabei gedacht hätte. Ich sah das Schild: Pharmacie, ging erleichtert darauf zu, öffnete die Tür – und ein verstörter Apotheker zog sich in den hintersten Winkel zurück.

Es dauerte eine Weile, bis er die Sprache wiederfand. Meine Fragen gingen ins Leere.

»Wo ... Wo kommen Sie her?« stotterte er.

»Aus dem Wald.«

»Aber ... der Krieg ist seit 23 Jahren vorbei!«

»Wie?« Als ich begriff, mußte ich lachen. Ich erzählte von unserem Film. Aber erst nachdem ich ihm vorgerechnet hatte, daß ich 1945 ganze 13 Jahre gezählt hatte, war er einigermaßen beruhigt. Daß er gegen deutsche Uniformen allergisch war – wer konnte es ihm übelnehmen?

Ich hatte einige der gefräßigen Tierchen in ein Papier gewickelt und schob's über den Tisch:

»Haben Sie etwas, das dagegen hilft?«

Er sah sich die Sammlung an, griff schweigend in ein Regal und stellte eine Flasche vor mich hin.

Dann verzog er sich endgültig.

Er muß wohl gedacht haben, ich hätte das Ungeziefer aus Deutschland importiert – und verspürte keine Lust, Opfer einer neuen Invasion zu werden.

Als wir mit dem Film nach Paris ins Atelier gingen, aß ich in der Kantine die beste Zwiebelsuppe meines Lebens – nach dem Originalrezept, wie es seit undenklichen Zeiten in den kleinen Restaurants und Bistros rund um die – mittlerweile leider verschwundenen – Hallen, dem »Bauch von Paris«, verwendet wurde. Von dieser Reise habe ich auch ein hervorragendes Rezept für gebackenen Lauch mitgebracht. Und als wir, eine kleine Runde von Feinschmeckern, einmal zusammensaßen und uns nicht über das Dessert einigen konnten, nutzte ich die Gelegenheit, die Franzosen in ihrem eigenen Land mit einem französischen Rezept der unvergessenen Tante Liesi zu überraschen.

Soupe à l'oignon gratinée

Zutaten: 1 kg Zwiebeln, 1 l Bouillon, 8 kleine Scheiben Weißbrot, Butter, Tomatenmark, Salz, geriebener Schweizer Käse.

Die Zwiebeln in dünne Ringe schneiden, in Butter hellgelb dämpfen und leicht salzen. Das Weißbrot in ganz wenig Öl rösten. 4 Scheiben mit Tomatenmark bestreichen, die anderen mit wenig Butter. Die Brote mit dem Tomatenmark auf vier große Suppentassen verteilen, darauf die Zwiebeln und die gebutterten Brotscheiben geben. Zum Angießen der Bouillon einen Trichter benutzen, so daß die Flüssigkeit vom Boden her aufsteigt. Mit Käse bestreuen und kurz überbacken. Zuletzt eine Prise Paprika darübergeben.

Gebackener Lauch

Zutaten: 1 kg Lauch, 4 Tomaten, 2 gehackte Knoblauchzehen, Petersilie, Zitronensaft, Cayennepfeffer, Salz, Pfeffer aus der Mühle.

Den Lauch putzen, gut waschen, trocknen und in etwa 10 cm lange Stücke schneiden, salzen und pfeffern. In einer Pfanne Olivenöl erhitzen und den Lauch etwa 10 Minuten dünsten. Aus der Pfanne nehmen und warmstellen. In der Pfanne die kleingehackten Tomaten, Knoblauch und Petersilie dünsten. Mit etwas Zitronensaft abschmecken und über den Lauch gießen.
Als Beilage zu kurzgebratenem Fleisch ebenso geeignet wie als Vorspeise, warm und kalt gleich gut schmeckend.

Omelette soufflé

Zutaten: 4 Eier, 4 El Zucker, 4 El Mehl, Butter.

Die Eier trennen. Eigelb, Zucker und Mehl gut verrühren. Eiweiß sehr steif schlagen und unter den Teig ziehen. Pro Omelette einen Teelöffel Butter in der Pfanne erhitzen. Den Pfannenboden mit Teig bedecken. Sobald die Unterseite goldgelb ist, das Omelette nicht wenden, sondern zusammenklappen und sofort servieren. Frische Früchte – z.B. Erdbeeren – schmecken köstlich dazu.

Das beste Team aus Hollywood

Als Franklin Schaffner 1969 »General Patton« drehte, war das für die Amerikaner eine ungeheuer wichtige Sache, ging's doch um einen mittlerweile zum Nationalhelden hochstilisierten Mann.

Für mich persönlich war der Film nicht weniger wichtig. Er markierte meinen endgültigen Einstieg ins internationale Geschäft.

Die Besetzungsverhandlungen zogen sich über Monate. Hin und wieder ein Anruf: Ich sei noch im Gespräch. Dann: Ich sei in der engeren Wahl.

Es ging um die Rolle eines deutschen Offiziers, der Geschichte studiert hat und aus Pattons Tick Kapital schlagen will; der General versuchte, alle seine Schlachten an historischen Stätten zu schlagen. Am liebsten dort, wo einst Hannibal gekämpft hat.

Als Schaffner seine Leute nach Deutschland schickte, waren wir noch drei Bewerber.

Auf die Entscheidung warteten wir vergeblich. Es war ziemlich nervenzerfetzend.

Dann kam ein Anruf von der Agentur:

»Du mußt nach Almeria fliegen, Schaffner ist jetzt dort und will selbst entscheiden.«

In München-Riem lag das Ticket nach Madrid bereit. Auf dem Madrider Airport spazierte ein Mann mit einem Schild hin und her. Darauf stand nur ein Wort: Rauch.

Es war ein Spanier, der ebenso wortreiche wie unverständliche Erklärungen gab und mich dann kurzerhand zur nächsten Maschine brachte.

In Almeria lief wiederum ein Spanier mit einem Schild herum. Der brachte mich zum Hotel, und dort saß ich dann zwei Stunden, bevor ich in den Salon gerufen wurde, in dem Schaffner, der Produzent und der ganze Stab saßen.

Schaffner musterte mich von oben bis unten und wieder zurück. Mir kam's vor, als hätte er Röntgenaugen. Auf seinen Wink gab mir einer der Assistenten einen Zettel mit ein paar Sätzen Text.

Alle starrten mich an und schienen darauf zu warten, daß ich vom Blatt las.

Ich tat's nicht. Ich fragte:

»Was ist vorher gewesen? In welchen Zusammenhang gehört der Text?«

Der Assistent bekam einen zweiten Wink, nahm mich zur Seite und erzählte mir die Story in Kurzfassung.

»Sie können 'rausgehen und sich präparieren. Schaffner will wissen, wie Sie Amerikanisch sprechen.«

Ich blieb und sprach.

Der große Meister sah mich an und sagte kein Wort. Da traute sich von all den anderen auch keiner, den Mund aufzumachen.

Nach mehreren Minuten, in die fast vollkommene Stille, die Frage: »Können wir Mr. Rauch jetzt wieder nach Germany schicken?«

»Yes«, sagte Schaffner scheinbar völlig abwesend. Und wiederholte: »Yes, yes, yes.«

Mit meiner Hoffnung auf die Rolle war's danach nicht mehr weit her. Der Assistent folgte mir ins Foyer.

»Morgen abend um sechs Uhr wissen Sie Bescheid.« Es klang wie der Versuch, mich zu trösten.

Fünf Minuten vor sechs Uhr klingelte tags darauf das Telefon. Mein Agent war dran:

»Gratuliere! Du hast die Rolle!«

Als die Außenaufnahmen in Spanien begannen, war die amerikanische Mischung von Lässigkeit mit Disziplin und Akkuratesse für mich noch neu und ungeheuer beeindruckend. Ich habe das später immer wieder erlebt. Es beeindruckt mich heute noch, obwohl ich – mit einigem Erfolg, glaube ich – von Anfang an versucht habe, mich anzupassen. Die Amerikaner sind im Filmgeschäft eben die wirklichen Profis.

Es lief alles wie am Schnürchen. Einfach perfekt! Ich äußerte meine grenzenlose Bewunderung einem amerikanischen Kollegen gegenüber.

»Was hast du erwartet?« fragte er. »Das ist das beste Team, das Hollywood derzeit zu bieten hat. Und eins der besten, die es je gab.«

Mir ging ein leiser Schauer über den Rücken. Jetzt darfst du keinen Fehler machen, sagte ich mir.

Denn die anderen schienen gar nicht zu wissen, was das war: ein Fehler.

Ich lernte rasch. Ich gewöhnte mich auch bald daran, nur das zu tun, wofür ich engagiert war.

In Deutschland, beispielsweise, hat jeder Schauspieler zum Ausleuchten auf der Szene zu sein. Das ist eine oft langwierige, unter den heißen Studiolampen schweißtreibende Angelegenheit.

»Sit down, Sigi! Ruh dich aus!« sagte Schaffner, als ich mich hinstellte.

Ich hatte ein Lichtdouble. Einen Mann, der meine Uniform überzog und nichts anderes zu tun hatte, als sich ausleuchten zu lassen.

Das hat nichts mit der Bequemlichkeit amerikanischer Schauspieler zu tun und schon gar nichts mit Faulheit. Sobald die Kamera läuft, wird Höchstleistung erwartet, ganz selbstverständlich. Die kann aber niemand mehr bringen, der vorher eine halbe Stunde oder länger unter einem Dutzend Fünf-Kilowatt-Lampen gestanden hat.

Ich gab mir Mühe, im richtigen Moment die 150prozentige Leistung zu bringen. Die optimalen Bedingungen beflügelten mich. Abends war ich nicht weniger erschöpft als nach einem Drehtag in einem deutschen Studio. Aber irgendwie zufriedener und ausgeglichener. Und ich hatte immer noch genügend Energie, die spanische Küche zu erkunden.

Seezunge in Eiersauce

Zutaten: 8 Seezungenfilets, 3 Tassen Milch, 3 Eigelb, 2 El Mehl, 50 g Butter, 1 Tl Zucker, geriebener Parmesan, Zitronensaft zum Abschmecken.

Aus Fett und Mehl wird eine Schwitze gemacht und ganz leicht gebräunt. Das Eigelb wird mit Milch und Zucker verquirlt. Nachdem die Schwitze damit aufgegossen ist, muß sie aufkochen. Die Filets werden in Salzwasser einige Minuten gekocht und mit dem Schöpflöffel vorsichtig herausgenommen. Sie werden auf einer Platte angerichtet und mit Parmesan bestreut. Bevor die Sauce darüberkommt, wird sie mit Zitrone abgeschmeckt.

Spanische Sommersuppe

*Zutaten: 500 g Tomaten, 1 Zwiebel, 4 Knoblauchzehen, 1 rote Paprikaschote, 1 grüne Paprikaschote, ½ Salatgurke, ½ l trockener Rotwein, 2 El Olivenöl, 2 El Rotweinessig, 3 El geriebenes Weißbrot, 2 El Tomatenketchup, 2 Tl Salz, Pfeffer aus der Mühle.
Zum Servieren: 1 Schälchen Zwiebelwürfel, 1 Schälchen Gurkenwürfel, 1 Schälchen geröstete und mit Knoblauch gewürzte Brotwürfel.*

Die Tomaten blanchieren und kalt abschrecken, häuten und halbieren. Zwiebel und Knoblauchzehen schälen und fein hacken. Paprikaschoten halbieren, Kerne entfernen. Paprika und Salatgurke kleinschneiden. Alle Gemüse in einer Küchenmaschine pürieren. Den Rotwein langsam unterrühren, ebenso das Olivenöl, den Essig, das geriebene Weißbrot und das Ketchup. Mit Salz und Pfeffer abschmecken. Gut gekühlt servieren. Man gibt Zwiebel-, Gurken- und Brotwürfel auf den Teller, die Suppe kommt darüber.

Steinbutt mit Gemüse

Zutaten: 1 Steinbutt von etwa 1,2 kg, 1 Zitrone, je 100 g Tomaten, Zwiebeln, grüne und rote Paprikaschoten und Champignons, ¼ l trockener Weißwein, 10 mit Paprika gefüllte Oliven, 1 El Semmelbrösel, Salz, Pfeffer, Butter.

Den Steinbutt ausnehmen, Kopf entfernen und Flossen abschneiden. Waschen, salzen, pfeffern und mit Zitronensaft beträufeln. Eine feuerfeste Form mit Butter ausstreichen und den Fisch hineinlegen. Paprikaschoten in Streifen, Zwiebeln in Ringe und Champignons in dünne Blätter schneiden. Tomaten abziehen und würfeln. Die Gemüse in etwa 30 g geschmolzener Butter 5 Minuten dünsten. Gemüse zum Fisch geben, ebenso die in Scheiben geschnittenen Oliven und den Wein. Semmelbrösel über den Fisch streuen und mit Butterflöckchen belegen. Mit Alufolie bedeckt im vorgeheizten Rohr bei etwa 200 Grad 25 Minuten garen. Die Folie abnehmen und das Gericht bei starker Hitze noch 5 Minuten im Herd lassen.

Omelette mit Thunfisch

Zutaten: 6 Eier, 100 g Thunfisch, 1 Tl Kapern, 3 El Olivenöl, Salz.

Den Thunfisch zerteilen, mit den Kapern und Salz unter die gequirlten Eier mischen. In heißem Öl portionsweise backen.

Eine Uniform aus London

Einen Beweis für die Perfektion, die im amerikanischen Filmgeschäft üblich ist, bekam ich noch vor Beginn der Dreharbeiten zu »General Patton«. Aus London wurde ich angerufen:

»Mr. Rauch, wann dürfen wir Sie zur Anprobe Ihrer Uniform erwarten?«

Ein bißchen übertrieben fand ich das schon, denn in München gibt es einen riesigen Fundus mit Uniformen des Dritten Reichs; dort hätte ich leicht das Passende gefunden. Die XX. Century Fox wollte jedoch ganz sicher gehen, daß die Uniform exakt den Vorstellungen Schaffners entsprach.

Das Ticket kam, ich flog nach London, und auf dem Flughafen Heathrow erwartete mich ein riesiger Bentley mit Chauffeur:

»Zu Ihrer Verfügung, Sir, solange Sie in London sind.«

Ich hatte nicht die Absicht, über Nacht zu bleiben und ließ mich gleich zum Büro der »Fox« fahren.

»Wir hoffen, Sie sind gut untergebracht im Carlton Tower, Mr. Rauch.«

Zweifellos kann man in einem Luxushotel dieser Güte gar nicht anders als gut untergebracht sein. – Ich erkundigte mich einigermaßen kleinlaut:

»Wird die Anprobe denn so lange dauern?«

»Vermutlich nicht. Aber wollen Sie denn nicht ein, zwei Tage bleiben – wenn Sie schon in London sind?«

Ich blieb. Man erkundigte sich nach meinen Wünschen, besorgte mir eine der raren Theaterkarten (fürs Haymarket Theatre an Piccadilly Circus), kümmerte sich um meinen Lunch und mein Dinner ...

Zwischendurch war tatsächlich Zeit, die Uniform anzuprobieren. Sie saß beinahe makellos.

Am nächsten Vormittag suchte ich meinen Londoner Agenten auf. Es hatte sich bereits herumgesprochen, daß ich die Rolle in »General Patton« spielte, und mit einemmal schien ich für Leute interessant zu sein, die noch ein paar Tage zuvor Mühe gehabt hätten, meinen Namen zu buchstabieren.

Mein Agent bestand darauf, daß ich hier und da und dort Höflichkeitsbesuche machte. Ich hätte leicht noch ein paar Tage bleiben und auf ziemlich angenehme Art verbringen können. Aber ich wollte nach Hause. Mein Entschluß kam offenbar für alle, die sich zuständig fühlten, so überraschend, daß es einigen Trouble gab. Die letzte Maschine zum Kontinent war überbucht, ich sollte auf die Warteliste. Ein Reisebüro-Manager sicherte mir dann doch noch ein Ticket, und als ich endlich nach Heathrow aufbrach, kam er selbst mit, dazu ein Mann von der »Fox« und der Chauffeur.

Da standen sie dann alle und harrten aus, bis ich im Flugzeug saß. – Das alles für zwei lächerliche Abnäher in einer Uniform ...

Daß ich nicht länger in London blieb, hatte übrigens nichts mit der englischen Küche zu tun. In der Hauptstadt ist man ja glücklicherweise nicht darauf angewiesen. In der Provinz sieht es schon anders aus, vor allem im Hinblick auf die Vielseitigkeit. Ich erinnere mich mit Schaudern an zwei Wochen East-Anglia. Es gab Fish and Chips, Chicken and Chips ... and Chips ... and Chips ... and Chips ...

Monatelang wurde mir an jeder Frittenbude übel, an der ich zufällig vorüberkam.

Trotzdem, ganz so schlecht wie ihr Ruf ist die englische Küche nicht. Einige Rezepte jedenfalls sind im Lauf der Jahre in meine Sammlung eingegangen. Zum Beispiel dieses:

Gebundene Ochsenschwanzsuppe

Zutaten: 1 Ochsenschwanz, 1 Zwiebel, Suppengrün, 2 El Öl, 1,5 l Knochenbrühe, 2 El Mehl, 60 g Butter, Salz, Pfeffer, ½ Tl Rosenpaprika, 1 Glas trockener Rotwein.

Der in Stücke gehackte Ochsenschwanz wird mit Zwiebeln und Suppengrün in heißem Öl angebraten. Die Knochenbrühe hinzugeben und etwa zwei Stunden kochen lassen. Aus Butter und Mehl eine dunkle Schwitze bereiten, mit Brühe ablöschen. Das Fleisch von den Knochen lösen und in die Suppe geben. Mit Salz, Pfeffer, Paprika und Rotwein abschmecken.

Englischer Lammbraten

Zutaten: 1 kg Lammfleisch, 4 große Speckscheiben, 1 Pfund kleine Kartoffeln, 1 Pfund junge Möhren, Salz, Pfeffer, 40 g Butter.

Das Fleisch über Nacht in ein mit Essig getränktes Tuch wickeln. Die Speckscheiben in einer großen Auflaufform auslegen, darauf das Fleisch und ringsherum die geschälten Kartoffeln und die in daumengroße Stücke geschnittenen Möhren. Mit Salz und Pfeffer würzen. Im Backofen etwa 1 Stunde bei 200 Grad braten, zwischendurch mit dem eigenen Saft begießen. Butter leicht bräunen und zum Schluß über das Fleisch geben. Sehr heiß servieren.
Zu Lamm und anderen englischen Fleischgerichten, auch zu heißem Schinken, eignet sich

Tomaten-Apfel-Chutney

Zutaten: 1,5 kg grüne Tomaten, 1 kg säuerliche Äpfel, 1 kg Zwiebeln, 500 g Sultaninen, 1 kg Zucker, 1 El Senfpuder, 1 El Pfeffer, 2 El Salz, 1 l Obstessig.

Tomaten, Äpfel und Zwiebeln schälen und kleinschneiden, Sultaninen und Zucker hinzugeben. Essig mit den Gewürzen mischen. Alles zusammen langsam kochen und rühren, bis es braun wird. Wie Konfitüre in Gläser füllen und verschließen.

Joghurt-Kuchen

Zutaten: 1 Becher Joghurt, (3,5% Fett), ½ Joghurtbecher Öl, 2 Joghurtbecher Zucker, 3 Joghurtbecher Mehl, ½ Päckchen Backpulver, 3 Eier, 2 cl Cointreau, 300 g Couverture.

Eier, Joghurt, Öl und Zucker schaumig rühren. Mehl mit Backpulver mischen und unter die Eimasse rühren. In eine gefettete Springform füllen und in vorgeheiztem Rohr bei 150 Grad etwa 40 Minuten backen. Den warmen Kuchen mit dem Orangenlikör tränken. Couverture im Wasserbad schmelzen und den erkalteten Kuchen damit überziehen.

Ripperl nach Le Mans

»General Patton« hatte mir international viele gute Kritiken eingebracht, hatte einige der Leute aufmerksam gemacht, auf die's ankommt und so zumindest indirekt auch dazu beigetragen, daß ich die Rolle des Gegenspielers von Steve McQueen in dem Rennfahrerfilm »Le Mans« erhielt.

»Excellent, absolutely!« – Auf dieses Lob des großen Regisseurs John Sturges war ich natürlich mächtig stolz.

Es verhinderte aber nicht, daß ich meine zweite Rolle in einem großen, internationalen Film viel verkrampfter anging als die erste. Vielleicht war's sogar die Ursache. In »General Patton« war ich für die Amerikaner ein Nobody gewesen. Diesmal mußte ich Erwartungen erfüllen.

Das merkte ich vor allem an der Art, in der Steve McQueen mir anfangs begegnete. Er war auf eine fast verletzende Weise distanziert.

Aber noch während der Dreharbeiten sind wir Freunde geworden.

Ich beobachtete, daß Steve fast täglich Sauerkraut aß. Er war geradezu süchtig danach.

»Aber Choucroute ist nicht das Wahre«, vertraute er mir an, nachdem das Eis gebrochen war. »Weißt du, wo's das beste Sauerkraut gibt, Sigi? In München!« Und dann schwärmte er mir, dem in der Wolle gefärbten Oberbayern, von bayerischer Küche und bayerischem Bier vor.

Natürlich rannte er offene Türen ein. Zum Beispiel das Büchsenbier, das wir in Le Mans bekamen: Man trank es, um es zu vergessen ...

Gegen Ende der Dreharbeiten gab so ziemlich jeder der Kollegen seine obligatorische Party. Nach drei Nächten wurde das fad. Ich ließ mir was anderes einfallen. Vor allem wollte ich nicht mit einer Hundertschaft feiern, sondern gemütlich, im kleinen Kreis.

Ich rief zu Hause an, um den Plan mit Karin zu besprechen. Benedikt, unser erster Sohn, war gerade erst aus dem Brutkasten entlassen worden, in den man den armen kleinen Burschen direkt nach der Geburt gelegt hatte. Er war jetzt knapp fünf Monate alt und entwickelte sich zu unserer unbeschreiblichen Erleichterung zu einem normalen, gesunden Kind.

Klar, daß Karin Bedenken hatte, ihn allein zu lassen, als ich fragte:

»Kannst du am Wochenende nach Le Mans kommen?«

Aber dann fand sich eine Freundin, mit der wir damals Tür an Tür wohnten, bereit, unseren Stammhalter zu hüten.

Also besorgte Karin ein großes Holzfaß Augustiner, echt bayerisches Sauerkraut, Ripperl und eine Stubenmusi; das waren zwei Murnauer Musikanten, die Zither, Bandoneon und Gitarre spielten.

Ich kümmerte mich unterdessen um das richtige Ambiente und fand es in einer kleinen Auberge, deren Patron bereit war, mir sein schönstes Zimmer mit Erker, langem Tisch und offenem Kamin für das ganz und gar unfranzösische Fest zu überlassen.

Obwohl ich absolut keine Reklame machte, sprach mein Vorhaben sich in Windeseile herum. Aus Paris reiste der Vertreter einer Münchner Brauerei an und erklärte:

»Wir ziehen das ganz groß auf und übernehmen alle Kosten!«

Ich sagte höflich danke und nein. Es sollte ein gemütlicher Abend werden, ohne jeden Rummel, den Steve – das wußte ich inzwischen – genauso verabscheute wie ich.

Obwohl das Bier nach der langen Reise im VW-Bus nicht das Prädikat »gepflegt« verdiente, war die bayerische Brotzeit von Anfang an ein Hit. Steve trank die erste Maß ex – unter den besorgten Blicken des Produzenten, der zaghaft daran erinnerte, daß noch einige Drehtage bevorstanden.

Bei bayerischen Volksweisen, Ripperln und Sauerkraut gerieten die Amerikaner völlig aus dem Häuschen. Meine »Party«, die gar keine war, lieferte tagelang Gesprächsstoff – auch für die, die nicht daran teilgenommen hatten.

Das machte mir ein richtig schlechtes Gewissen. Aber hätte ich alle eingeladen, hätte die Sache hinten und vorne nicht mehr gestimmt.

Bevor Karin zurückfuhr, gingen wir ganz allein in ein sehr gutes Restaurant und erneuerten unsere stille Liebe zur französischen Küche. Einige Rezepte nahmen wir mit:

Porreau vinaigrette

Zutaten: 4 Stangen Lauch, 2 Tl scharfer Meerrettichsenf, 2 Knoblauchzehen, 1 Tl Würzmischung (z. B. Maggi), Salz, Pfeffer, Essig, Öl.

Den Lauch säubern, die grünen Blätter auf die Hälfte kürzen, jeweils eine Seite aufschlitzen, aber so, daß die Stange nicht auseinanderfällt. In wenig Wasser kochen, so daß der Lauch noch schnittfest ist. Gut abtropfen lassen und in eine flache Schüssel legen. Aus den übrigen Zutaten eine Marinade rühren und über den noch lauwarmen Lauch gießen. Mehrere Stunden ziehen lassen.

Normannisches Huhn

Zutaten: 1 großes Hähnchen oder 1 Poularde, 4 große, säuerliche Äpfel, ¼ l Fleischbrühe, ¼ l Apfelwein, 4 cl Calvados, Salz, Pfeffer, Estragon oder Thymian, Butter, Öl.

Das Hähnchen vierteln, waschen und trocknen. Mit Salz, Pfeffer und Estragon oder Thymian einreiben und in einer Mischung aus Butter und Öl braun anbraten. Vom Feuer nehmen und mit dem Calvados flambieren. Die Äpfel waschen, vierteln und vom Kerngehäuse befreien. Fleischstücke und Äpfel in eine feuerfeste Form füllen, Fleischbrühe und Apfelwein darübergießen und bei 200 Grad im Rohr unter mehrmaligem Begießen etwa 35 Minuten garen. Als Beilage genügt Stangenbrot.

Mousse au chocolat

Zutaten: 4 Eier, 200 g bittere Schokolade, ½ l süße Sahne, 2 bis 3 El Kaffee.

Die Schokolade im Kaffee schmelzen, Eigelb einrühren und Eiweiß sehr steif schlagen und unterziehen. Die Sahne schlagen und unter die Creme ziehen. Kaltstellen bis die Masse festgeworden ist.

Benedikts Taufe

Als wir uns in Le Mans verabschiedeten, schwärmte Steve McQueen immer noch von bayerischem Bier und bayerischem Sauerkraut.

»Besuch uns in Murnau, wenn du wieder mal bayerisch essen willst«, sagte ich.

»Ist das eine Einladung?«

»Nächste Woche feiern wir Benedikts Taufe.« Ich wußte, daß er dann noch in Europa war. »Wenn du zur Taufe kommst, wirst du sehen, daß die bayerische Küche nicht nur aus Sauerkraut, Ripperl und Bier besteht.«

»O, mir genügt das völlig«, sagte er. »Aber diese Taufe ... Da kommt die ganze Presse, wie? Ein Riesen-Rummel ...«

»Bin ich Steve McQueen?« fragte ich grinsend. »Wenn mein Sohn getauft wird, geschieht das im Familien- und Freundeskreis.«

Er versprach, zu kommen, aber ich rechnete nicht wirklich damit. Einen Tag vor der Taufe klingelte das Telefon:

»Hallo, Sigi. Hier ist Steve. Ich bin in Straßburg. Wie muß ich weiterfahren?«

Ich beschrieb ihm den Weg nach München.

»Dort hole ich dich ab.«

»Wozu?« fragte er. »Glaubst du, ich finde mich in eurem kleinen Land nicht zurecht? Murnau, das werd ich schon finden. Und ich nehme an, dort kennt man dich und kann mir den Weg zu deinem Haus zeigen.«

Dann vergewisserte er sich noch einmal, daß es keine Presse, keinen Rummel geben würde. Er war allergisch gegen Störungen seines Privatlebens durch professionelle Neugier.

»Von mir erfährt kein Mensch, daß du hier bist«, versicherte ich.

Zwei Stunden später rief Michael Graeter an, der Münchner Kolumnist:

»Ich weiß, daß McQueen dich besucht! Du brauchst es gar nicht abzustreiten. Seine Sekretärin hat sich am Telefon verplappert.«

»Dann weißt du auch, daß er privat herkommt und keinen Journalisten sehen will.«

»Wenn es sich herumspricht, wird es dort draußen bei dir nur so wimmeln...«

»Sorg dafür, daß es sich nicht herumspricht – und komm her«, schlug ich vor. Wir verstanden uns. Ich wußte, Graeter würde nicht vorzeitig über Steves Besuch berichten.

In Murnau, das erzählte mir ein Freund wenig später, kam's zu einer hübschen kleinen Szene. Steve stoppte seinen Porsche mitten im Markt und fragte ein vorbeigehendes Mädchen:

»Tell me: Where is Sigi Rauchs house?«

Worauf das Mädchen ihn anstarrte, riesengroße Augen bekam und nur noch stammeln konnte:

»Mein Gott! Der Steve McQueen!«

Steve fand dann trotzdem zu uns, und am nächsten Tag fungierte er als Benedikts Pate. Er fand sich auch mit Graeter ab, aber wir schmiedeten ein kleines Komplott. Angeblich reiste Steve einen Tag später ab, in Wirklichkeit blieb er noch eine ganze Woche.

Wir hatten eine herrliche, unbeschwerte Zeit. Ich zeigte Steve, wie Bayern wirklich ist und wie wir leben. Er war ja für mich so etwas wie ein Vorbild, hatte alles erreicht, wovon ich träumte. Und da sagte er plötzlich:

»Du weißt nicht, wie gut du es hast.« Wir saßen bei einer einfachen Brotzeit auf einer Berghütte. Die Spätherbstsonne schien, als wäre es gerade erst Oktober. »Du lebst ein Leben, das ist einfach sagenhaft!«

Dann erzählte er von der Zeit, die er selbst auf einer Ranch verbracht hatte. Er verglich seine damalige Existenz mit der jetzigen und kam zu dem ziemlich bitteren Schluß, alles sei verlogen, nichts stimme mehr...

Natürlich wollte er nicht wirklich zurück zu den einfachen Zeiten, selbst wenn das möglich gewesen wäre. Immerhin gewann ich eine Erkenntnis: Man zahlt für alles, auch für den Erfolg. Und gerade dafür ist der Preis oft zu hoch.

Zu Benedikts Taufe gab es ein einfaches und typisches bayerisches Essen. Ausnahmsweise sind die Rezepte für *sechs* Personen berechnet:

Pfannkuchensuppe

Zutaten: 125 g Mehl, 1 Ei, ¼ l Milch, 1¼ l Fleischbrühe, 1 Bund Schnittlauch, Salz, Butterschmalz zum Ausbacken.

Aus Mehl, Ei, Salz und Milch einen dünnen Teig herstellen. In einer mit heißem Butterschmalz ausgestrichenen Pfanne sehr dünne Pfannkuchen backen. Nach dem Erkalten rollen und nudelartig schneiden. In sechs Suppenteller oder -tassen verteilen, den gehackten Schnittlauch darübergeben und mit kochender Fleischbrühe auffüllen.

Gemischter bayerischer Braten

Zutaten: 1 kg Schweineschlegel mit Schwarte, 1 kg Kalbsbraten, ⅛ l kochendes Wasser, 2 Zwiebeln, Wurzelwerk (Möhre, Sellerie), Kümmel, Knoblauch, Majoran oder Basilikum, Pfeffer, Salz, 1 El Mehl (oder 2 Tl Stärkemehl), ½ bis ¾ l Brühe, eventuell etwas Fett zum Anbraten.

Das Schweinefleisch waschen, mit Salz, Pfeffer, Kümmel, gepreßtem Knoblauch und Majoran oder Basilikum einreiben und in eine große Kasserolle geben. Mit wenig kochendem Wasser übergießen und etwa ¼ Stunde, die Schwarte nach unten, zugedeckt dünsten. Hierbei wird die Schwarte weich, Fett kann austreten. Danach wenden und die Schwarte kreuzweise einschneiden. Wenn nötig, etwas Fett zufügen. Den mit Salz und Pfeffer eingeriebenen Kalbsbraten dazulegen, ebenso Zwiebeln und Wurzelwerk. Bei guter Hitze braten. Erst wenn das Fleisch sich bräunt, seitlich etwas heiße Brühe zugießen. Unter allmählicher Zugabe der restlichen Brühe fertigbraten, bis das Fleisch braun und knusprig ist (etwa 1½ Stunden). Eine besonders knackige Schwarte erhält man, wenn der fertige Braten mit kaltem Bier bestrichen wird und für 5 Minuten ins sehr heiße Rohr kommt. Die Sauce entfetten und nach Belieben binden, abseihen und abschmecken. Beilagen: Salat von Roten Rüben, grüner Salat und

Rohe Kartoffelknödel

Zutaten: 1½ kg rohe Kartoffeln, 500 g gekochte Kartoffeln (Pellkartoffeln), ¼ bis ⅜ l kochende Milch, Salz, 2 alte Semmeln und 20 bis 40 g Butter (für geröstete Semmelbröckchen), Salzwasser.

Große rohe Kartoffeln reiben und fest auspressen. Sofort mit kochender Milch brühen, salzen, mit den gekochten, geriebenen Kartoffeln vermengen, daraus einen weichen Teig arbeiten und abschmecken. Einen Probeknödel kochen. Falls er zu sehr abkocht, etwas

Mehl, falls er zu fest wird, noch ein wenig Milch an den Teig geben. Aus dem ganzen Teig Knödel formen und die gerösteten Semmelbröckchen in die Mitte geben, in Salzwasser zugedeckt etwa 30 Minuten leicht kochen lassen. Die Knödel sollen, sobald sie aus dem Wasser genommen sind, auf den Tisch kommen, da sie vom Stehen hart und dunkel werden. Übriggebliebene Knödel kann man jedoch durch Einlegen in kochendes Salzwasser, in dem sie kurz ziehen sollen, recht gut aufwärmen.

Bayerische Creme

Zutaten: ½ l Milch, 1 bis 2 Tl Vanilleextrakt, 1 Prise Salz, 4 Eigelb, 125 g Zucker, 5 Blatt farblose Gelatine, ¼ l süße Sahne.

Milch mit Salz und Vanilleextrakt erhitzen und etwa 10 Minuten auskühlen lassen. In der Zwischenzeit Eigelb mit Zucker cremig schlagen. Gelatine in kaltem Wasser einweichen. Die Eiercreme in die Milch rühren und nochmals – unter ständigem Rühren – erhitzen, bis die Masse cremig wird. Vorsicht, die Creme darf keinesfalls kochen! Vom Herd nehmen und die ausgedrückte Gelatine einrühren. Durch ein feines Sieb in eine Schüssel füllen. Sobald die Creme anfängt, fest zu werden, die steifgeschlagene Sahne unterheben. Im Kühlschrank erstarren lassen (etwa 3 Stunden). Dieser Beitrag Bayerns zur großen (französischen) Küche schmeckt besonders gut mit Erdbeermus:

Zutaten: 300 g frische, ersatzweise tiefgefrorene Erdbeeren, 50 g Puderzucker.

Erdbeeren durch ein feines Sieb streichen oder im Mixer pürieren und mit dem Puderzucker verrühren. Auch aus Himbeeren und Heidelbeeren läßt sich auf die gleiche Weise ein sehr wohlschmeckendes Mus herstellen.

Ein bayerischer Weihnachtsbaum für Steve McQueen

Was bringt man einem Hollywoodstar mit, der schon alles hat?

Darüber zerbrachen wir uns den Kopf, als Steve McQueen und seine Frau Neill Adams uns einluden, sie Weihnachten in Los Angeles zu besuchen.

Dann kam die Erleuchtung: Ein original-bayerischer Christbaum mußte es sein!

Wir suchten die schönste Weißtanne aus und verpackten sie in einer Papprolle. Karin kümmerte sich um den passenden Schmuck und um die Bienenwachskerzen.

Wir landeten in Los Angeles. Ich wußte, wie genau der amerikanische Zoll sein kann. Aber ich hatte keine Ahnung von den Bestimmungen für die Einfuhr von Pflanzen.

Der Anblick eines lebenden Christbaums erschreckte die Zöllner der kalifornischen Metropole fast zu Tode! Sie schüttelten die Köpfe, starrten den Baum an, starrten Karin und mich an, legten ihre Stirnen in bedeutungsschwere Falten ...

»Der muß ins Economy Department!« entschied der Oberzöllner.

Was, um alles in der Welt, sollte der unschuldige Christbaum dort?

Das Economy Department, erklärte der Mensch, besitze ein Labor, in dem dieser Baum auf Schädlinge, auf Bakterien, Viren, Mikroben untersucht werden könne. Vielleicht auch noch auf Radioaktivität und unamerikanische Gesinnung ... Jedenfalls unterm Mikroskop.

In einer Woche sollten wir wieder anrufen.

»In einer Woche? Good heavens! Der Baum ist ein Weihnachtsgeschenk!«

Das rührte keinen. Sie wollten nur noch unsere Adresse in Los Angeles. Aber als Steves Name fiel, horchten sie auf:

»Steve McQueen? The movie star?«

»Genau der!«

»Und der Baum ist sein Weihnachtsgeschenk? – Okay, wir werden sehen. Vielleicht geht es schneller.«

Es ging schneller. Aber gewonnen war damit noch nichts. Das Labor des Economy Department entdeckte nämlich tatsächlich winzige Parasiten an unserer schönen Weißtanne.

Und was jetzt?

Der Baum müsse in ein anderes Labor, erklärte man mir. Möglich, daß man die Parasiten dort vernichten könne. Andernfalls müsse der ganze Baum verbrannt werden.

Nach einer Woche hatten wir sie wieder, die bayerische Weißtanne. Ich holte sie ab und packte sie aus, und sie ließ alle Äste hängen, was ihr wirklich niemand übelnehmen konnte.

Karin tat ihr Bestes, und der Baum sah auch wieder ganz hübsch aus, als er geschmückt war.

Aber er riß Neill und Steve nicht von den Stühlen. Sie guckten ziemlich verwundert:

»What's that? – Ach so, ein bayerischer Weihnachtsbaum...«

Als wir dann einen Gang durch die City von L. A. machten, begriff ich, weshalb unser geschundener Bayer keinen großen Eindruck hinterlassen hatte. Es gab hier massenhaft die herrlichst gewachsenen Bäume, die ich je gesehen hatte.

Und es gab sie in allen Farben, einschließlich Silber und Gold. Daher konnte eine schlichte, halbtote Weißtanne natürlich keinen großen Eindruck machen.

Die Weihnachtstage verlebten wir nicht im Stadthaus, sondern draußen in Palm Springs, wo Steve sich am Rand der Wüste einen Bungalow aus Glas und Stahl hatte hinstellen lassen.

Auch unsere Weißtanne fand sich dort ein.

Erst als Karin sich anschickte, die Bienenwachskerzen anzuzünden, begriff Steve, daß das *keine* elektrischen Kerzen waren – und prallte entsetzt zurück.

»Das ist verboten!« sagte er. »Da müßten wir ja ständig mit dem Feuerlöscher danebenstehen!«

Was sollte in diesem Kasten aus Glas und Stahl wohl brennen? Ich erzählte ihm, daß wir in Bayern im Holzhaus nie etwas anderes als echte Kerzen an den Christbaum steckten, und er schüttelte den Kopf und dachte laut darüber nach, was diese komischen Europäer wohl dazu bewegen mochte, ihr Leben so leichtfertig aufs Spiel zu setzen ...

Neill und Steve hatten eine Köchin, die die wunderbarsten Hamburger zubereitet. Ich aß sie täglich, ich konnte nicht genug davon bekommen – und würde das Rezept gern verraten.

Aber das wäre zwecklos. Ich hab's probiert und einsehen müssen, daß man in Deutschland nicht das richtige, saftige Fleisch bekommt, aus dem ein wirklich guter Hamburger gemacht wird. Wirklich schade. Über das, was einem in Deutschland als Hamburger zugemutet wird, kann man wirklich nur die Nase rümpfen.

Bei den McQueens gab's Weihnachten den üblichen Truthahn. Er schmeckte fabelhaft. Das Geheimnis ist: Der Vogel muß mit Mais gefüttert werden! Und es darf kein Baby-Puter sein, denn der hat nicht das siebenerlei Fleisch, das den Vogel so abwechslungsreich macht.

Kalifornischer Salat

Zutaten: 1 Kopf Eisbergsalat, 4 bis 8 weichgekochte Eier, 2 Becher Hüttenkäse, Essig, Öl, Salz, Pfeffer.

Salat waschen und auf 4 Teller verteilen. Hüttenkäse in die Mitte häufen und mit den halbierten Eiern belegen. Aus Essig, Öl, Salz und Pfeffer eine milde Sauce bereiten und über den angerichteten Salat verteilen.

McQueens Weihnachtsputer

Zutaten: 1 junger, maisgefütterter Truthahn, 250 g eingeweichtes Weißbrot, 250 g gehacktes Nierenfett, 3 Eier, 2 bis 3 gehackte und gedünstete Zwiebeln, gehackte Petersilie, Salz, Pfeffer, etwas Salbei.

Aus den Zutaten eine Füllung für den Truthahn bereiten. Das Tier nach dem Füllen mit Zahnstochern verschließen. Schenkel und Flügel an den Körper binden. Den Puter mit der Brust nach unten auf den Rost der Fettauffangschale legen. Die Außenseite mit Pfeffer und Salz würzen und mit etwas zerlassener Butter bestreichen. In den kalten Ofen schieben. Auf 200 Grad erhitzen und etwa 3½ bis 4 Stunden braten. Den Truthahn nach 2½ Stunden auf den Rücken drehen. Zwischendurch mit dem Bratensaft begießen. Zum Truthahn gehören Cranberry-Sauce und Kürbis-Pie.

Cranberry-Sauce

Zutaten: 500 g Preiselbeeren, 200 g Zucker, 3 El Weinbrand.

Den Zucker in ¼ l Wasser aufkochen. Die Beeren zufügen und solange im offenen Topf kochen, bis sie platzen. Dann durch ein Sieb streichen, mit Weinbrand abschmecken und warm zum Truthahn reichen.

Kürbis-Pie

Zutaten für den Teig: 175 g Mehl, 100 g Schweineschmalz, 50 g Butter, 1 Prise Salz, Fett für die Form.

Zutaten für den Belag: 450 g eingelegter Kürbis, 2 Eier, 150 g Zucker, 1 Prise Salz, ½ Tl gemahlener Ingwer, 1 Tl Zimt, ¼ Tl gemahlene Nelken, 400 g süße Sahne.

Alle Zutaten für den Teig mit 3 Eßlöffeln kaltem Wasser verkneten. Mindestens 1 Stunde kaltstellen. Eine Pie- oder Springform von etwa 26 cm Durchmesser fetten und mit dem Teig auslegen. Der Rand muß etwa 2 cm hoch sein. Den Boden mehrfach einstechen. Kürbis abtropfen lassen und im Mixer pürieren. Eier, Zucker, Salz, Ingwer, Zimt, Nelken und Sahne verrühren und unter das Kürbismus heben. Die Masse in die Form füllen. In den kalten Backofen schieben, auf 190 Grad erhitzen und etwa 60 Minuten backen. Wenn die Pie zu dunkel wird, gegen Ende der Backzeit mit Folie abdecken. Vor dem Servieren auskühlen lassen.

Die Dame mit den Falkenaugen

Während der Dreharbeiten zu »Le Mans« kamen immer wieder Anrufe von meiner Münchner Agentur. Es ging um Angebote für TV-Verträge. Sie brachten mich in eine echte Zwickmühle.

Nach dem Erfolg von »General Patton« konnte »Le Mans« mir den internationalen Durchbruch bringen. Kamen die Film-Angebote, auf die ich hoffte, dann mußte ich frei sein, sie anzunehmen.

Aber niemand wußte, ob sie kamen.

Ich war nicht mehr nur Ehemann, ich war Vater. Und begriff allmählich, was es bedeutet, Verantwortung zu tragen.

Mittlerweile lagen TV-Angebote für ein ganzes Jahr vor. Ich konnte nicht ablehnen. Anders gesagt: Ich konnte mir's nicht leisten.

Unter der Regie von Tom Toelle drehte ich in Salzburg ein Stück, in dem wir eine Szene mit versteckter Kamera spielten. Die Absicht war, zufällige Passanten agieren zu lassen, ohne daß die zunächst etwas davon ahnten.

Es war eine Kriminalkomödie. Mitten in der Stadt war auf einer Straßenseite die Kamera hinter einem Fenster im ersten Stock aufgebaut. Auf der gegenüberliegenden Seite schlug mein Partner das Schaufenster eines Juweliers ein.

Er raffte den Schmuck zusammen und rannte davon. Unter den Passanten waren auch einige Statisten. Aber die meisten mußten den Raubzug für echt halten.

Und sie spielten fabelhaft mit! Sie versuchten, den Räuber zu stellen, ihm den Weg abzuschneiden. Als das nicht gelang, rannten sie hinter ihm her.

Ich stand – wie das Drehbuch es verlangte – an der nächsten Ecke, und als der Räuber herankam, rannte er mich fast um, verlor den Schmuck und setzte seine Flucht fort, 15 oder 20 Leute auf den Fersen.

Ich schneuzte mich, ließ das Taschentuch fallen und hob es zusammen mit dem Schmuck auf. Er verschwand in meiner Tasche, während ich in aller Ruhe weiterschlenderte.

Die Dame mit den Falkenaugen

Das klappte wirklich alles großartig. – Jedenfalls bis zu dem Moment, in dem die kleine alte Dame mich erreichte, mit deren Falkenaugen kein Mensch gerechnet hatte.

Eine knochige Hand schloß sich um mein Gelenk, hinter dicken Brillengläsern blitzte es triumphierend, und eine schneidende Stimme sagte:

»Ha, das haben Sie sich so gedacht! Jetzt hab ich Sie erwischt! – Ja, was denken Sie sich denn, Sie! Sie! Sie sind ja ein ganz Raffinierter! Wo die Leute alle wegrennen! Da haben Sie gedacht, Sie können den Schmuck einstecken, was? Aber ich hab' alles genau beobachtet!«

»Was wollen Sie denn?« Ich spielte weiter den Harmlosen. »Wovon reden Sie überhaupt?«

»Polizei!« gellte ihre Stimme die Straße entlang. »Hilft mir denn keiner? Polizei! Räuber! Mörder!«

Ich spielte immer noch weiter. Bis ich mitbekam, daß Toelle längst abgebrochen hatte und der ganze Stab sich vor Lachen kringelte.

Da konnte ich auch nicht mehr. Die kleine alte Dame funkelte mich empört an. Ich zeigte ihr die Kamera, versuchte zu erklären.

Alles umsonst. Sie schrie nach der Polizei und verdächtigte auch noch den Regisseur, der lachend dazukam und mich unterstützte, mein Komplice zu sein.

Es war tatsächlich die Polizei, die mich vor der resoluten Alten rettete. Ein paar Beamte warteten nämlich in der Nähe, um bei Zwischenfällen einzugreifen, denn selbstverständlich war die Raubszene mit der Behörde abgesprochen.

Nicht auszudenken, was passiert wäre, wenn ein ahnungsloser Polizist mich für den Komplicen des Schmuckräubers gehalten hätte!

Ebensogern wie an diese Geschichte denke ich an einige Rezepte, die ich damals aus Österreich mitbrachte:

Rehragout

Zutaten: 600 g Rehfleisch, 60 g Öl, Wurzelwerk (Möhre, Sellerie), 1 Zwiebel, 1 Knoblauchzehe, Salz, Pfeffer, 3 Wacholderbeeren, 1 Kräutersträußchen (Petersilie etc.), 3 Tomaten (oder 1 El Tomatenmark), ⅛ l trockener Rotwein, 1 El Mehl, ¼ l Brühe, 2 El Preiselbeerkompott, 1 Tl milder Senf, Zitrone und saure Sahne zum Abschmecken.

Das in Würfel geschnittene Fleisch in heißem Fett scharf anbraten. Feingeschnittenes Wurzelwerk und Zwiebel mit anrösten. Mit Salz, Pfeffer und zerdrückten Wacholderbeeren würzen. Mit Mehl bestäuben und mit Rotwein ablöschen. Brühe auffüllen. Das Kräutersträußchen, die geviertelten Tomaten (oder das Tomatenmark) sowie die gepreßte Knoblauchzehe hinzufügen und langsam weichkochen. Hin und wieder umrühren. Senf mit Preiselbeeren, etwas Rotwein und Zitronensaft verrühren und über das Fleisch gießen. Noch etwa 5 Minuten ziehen lassen. Dazu als Beilage:

Österreichischer Maissterz

Zutaten: 250 g grober Maisgries, 1 l Wasser, 1 Tl Salz, 30 g geriebener Gouda oder Emmentaler, 40 g Butter, 2 Zwiebeln.

Wasser mit Salz zum Kochen bringen, Maisgries unter Rühren einlaufen lassen. In etwa 5 Minuten unter ständigem Weiterrühren zu einem dicken Brei kochen. Zugedeckt quellen lassen. Den festen Maisbrei auf eine flache Platte stürzen. Käse darüberstreuen. Feine Zwiebelstreifen goldgelb rösten und auf den Maissterz geben. Der heiß servierte Maissterz braucht viel Sauce. Erkaltet kann man ihn in Scheiben schneiden, in einer gebutterten Pfanne von beiden Seiten goldgelb backen, zuletzt dick mit geriebenem Käse bestreuen und mit gedünsteten Zwiebelringen belegen. Zugedeckt auf schwaches Feuer stellen, bis der Käse geschmolzen ist. Sehr gut zu Salat!

Pörkölt

Zutaten: 750 g Rindfleisch, 60 g Schweineschmalz, 500 g Zwiebeln, 4 Tomaten (oder 1 El Tomatenmark), 2 milde Paprikaschoten (oder 1 Glas Tomatenpaprika), 1 El Rosenpaprika, ¼ l heiße Brühe, Salz.

Das Pörkölt ist eigentlich ein ungarisches Gericht, aber seit den Zeiten der Doppelmonarchie auch in Österreich zu Hause. Während das Originalrezept Kalbsschulter oder mageres Schweinefleisch vorschreibt, finde ich es aus Rindfleisch am schmackhaftesten. Die feingeschnittenen Zwiebeln im heißen Fett rösten, dann unter ständigem Rühren das gewürfelte Fleisch zugeben, alle Flüssigkeit verdampfen lassen und warten, bis das Fleisch sich gebräunt hat. Mit wenig heißer Brühe ablöschen, Rosenpaprika und Salz zugeben und in 40 bis 60 Minuten weichdünsten. 1½ Stunden vor dem Ende die geviertelten Tomaten mit den in Streifen geschnittenen und entkernten Paprikaschoten zugeben. Die Sauce wird ohne Binden sämig. Stangenbrot und ein kräftiger Roter machen aus dem Pörkölt eine schmackhafte Mahlzeit.

Wiener Apfelstrudel

Zutaten für den Teig: 200 g Mehl, 1 El, Salz, ¹⁄₁₆ l lauwarmes Wasser, 1 El Öl.
Zutaten für die Füllung: 1,5 kg Äpfel, 40 g Butter, 80 g Semmelbrösel, 100 g Zimtzucker, 60 g Rosinen.

Aus Mehl, Ei, Wasser, Öl und Salz einen glatten Teig kneten und zugedeckt etwa 30 Minuten ruhen lassen. Den Teig in 2 oder 4 Portionen auf einem bemehlten Geschirrtuch so dünn ausrollen, daß man das Muster des Tuchs erkennen kann. Semmelbrösel in zerlassener Butter anrösten und auf dem Strudelteig verteilen, anschließend die (auf dem Gurkenhobel) feingeschnittenen Äpfel, den Zimtzucker und die Rosinen. Den Strudel mit Hilfe des Tuchs aufrollen und auf ein gefettetes Blech legen, mit der Naht nach unten. Im auf 200 bis 225 Grad vorgeheizten Rohr etwa 35 Minuten backen. Zwischendurch mehrmals mit zerlassener Butter bestreichen. Warm, mit Vanillesauce, oder kalt, mit Puderzucker bestreut, servieren.

Mikosch, der Lawinenhund

In der siebenteiligen Fernsehserie »Lawinenpatrouille«, die auch in Deutschland mit gutem Erfolg gelaufen ist, spielte ich einen Gletscherforscher. Die Dreharbeiten in der Schweiz dauerten vier Monate. In dieser Zeit gewann ich einen Freund.

Er hieß Mikosch, war »von Beruf« Lawinenhund und mit Abstand das intelligenteste Tier, dem ich je begegnet bin.

Damit er sich an mich gewöhnen sollte, nahm ich Mikosch gleich zu Anfang auch nach Drehschluß öfter mit. Er begleitete mich zum Hotel, wartete, bis ich geduscht und umgezogen war und ging dann mit mir zum Abendessen.

Es wäre ihm nie in den Sinn gekommen, zu betteln. Da fiel es mir schon schwerer, die Bitte des Besitzers zu befolgen und Mikosch nicht zu füttern; er bekam tagsüber, während der Dreharbeiten, alles, was er brauchte.

Es war erst am zweiten oder dritten Tag unserer Bekanntschaft, als mir auf dem Weg zum Hotel auffiel, daß ich meine Sonnenbrille vergessen hatte. Ich wollte umkehren und danach suchen.

Überflüssig. Mikosch trug das Etui samt Brille im Maul.

Und so brachte er mir in den vier Monaten alles nach, was ich irgendwo liegenließ. Natürlich auch das, wovon ich mich absichtlich getrennt hatte. Ausgelesene Zeitungen beispielsweise. Die mußte ich schon in einen Papierkorb oder Abfalleimer werfen, um sie endgültig los zu sein.

Die Trennung von Mikosch fiel mir, ich gebe es zu, schwerer als die von manchem Kollegen...

Wenn ich am Wochenende nicht nach Hause fuhr, besuchte Karin mich in der Schweiz. Mikosch zeigte kein Zeichen von Eifersucht, er zog sich einfach zurück. Mikosch war eben ein wirklich kluges Tier und wußte, wann seine Gesellschaft willkommen und wann er überflüssig war.

Das ist auch mehr, als man von vielen Menschen sagen kann.

Aus der Schweiz brachte ich damals unter anderem die folgenden Rezepte mit, die wir seither hin und wieder gern nachkochen.

Gerstensuppe

Zutaten: 2 große Kartoffeln, 2 große Karotten (Möhren, gelbe Rüben), 1 kleine Knolle Sellerie, 1 mit Nelken und Lorbeerblatt besteckte Zwiebel, 100 g Gerste, 1 Kalbsfuß, 1 Schweineschwarte (oder 125 g Speck), 1 große Stange Lauch, 50 g Butter, ¼ l süße Sahne, 1 Eigelb, 2 ½ l Bouillon, Salz und Pfeffer.

Karotten, Sellerie und Lauch kleinschneiden und mit der besteckten Zwiebel in Butter anrösten. Den Kalbsfuß und die Schweineschwarte (oder den Speck) zugeben und mit Bouillon auffüllen. Dann kommt die Gerste in den Topf, und nach etwa 1 Stunde die kleingewürfelten Kartoffeln. Nach insgesamt 2 Stunden bei niedriger Hitze wird der Kalbsfuß herausgenommen, das Fleisch kleingeschnitten und wieder in die Suppe gegeben. Sahne mit Eigelb verquirlen und zum Schluß hinzugeben. Die gespickte Zwiebel herausnehmen. Suppe mit Salz und Pfeffer abschmecken. Ob man die Schweineschwarte bzw. den Speck kleinschneidet und wieder zusetzt, ist Geschmackssache.

Filets de perche meunière

Zutaten: 750 g Barschfilet, 2 Gläser trockener Weißwein, 125 g Mehl, 5 El Öl, 125 g Butter, 1 Zitrone, reichlich Petersilie, Salz und Pfeffer.

Die Barschfilets kurz waschen, abtrocknen und 1 Stunde in Weißwein legen. Das Öl in einer Pfanne erhitzen, die abgetropften, gesalzenen und gepfefferten Filets in Mehl wenden und von beiden Seiten schnell goldgelb braten. Nach dem Herausnehmen auf Küchenkrepp legen, um das überschüssige Fett zu entfernen. Auf einer Platte warmhalten. In einer separaten Pfanne die Butter schmelzen, den Saft der Zitrone dazugeben und danach die feingehackte Petersilie. Die Buttersoße darf nicht aufkochen! Sie kommt sehr heiß über den Fisch. Beilagen: Salzkartoffeln, Salat.

Schweizer Rüblitorte

Zutaten für den Teig: 5 Eigelb, 200 g Zucker, 200 g geraffelte Karotten, 200 g geriebene Haselnüsse, 1 Tl geriebene Zitronenschale, 4 El Mehl, 3 El Semmelbrösel, 1 Tl Zimt, ⅛ Tl Nelkenpulver, 1 Prise Salz, 2 El Rum, 5 Eiweiß. Für die Glasur: 250 g Puderzucker, 2 bis 3 Tl Eiweiß, 2 bis 3 Tl Zitronensaft, ½ El Kirschwasser.

Das Eigelb mit dem Zucker schaumig rühren, Karotten, Haselnüsse und Zitronenschale dazugeben. Das Mehl mit den Semmelbröseln und den Gewürzen vermischen und zusammen mit dem Rum zu der Masse geben. Gut verrühren und das steifgeschlagene Eiweiß sorgfältig unterheben. Die Masse in eine mit Pergamentpapier ausgelegte und gebutterte Springform geben. Den Herd auf 180 bis 200 Grad vorheizen. Backzeit 45 Minuten. Aus den angegebenen Zutaten eine Zitronenglasur bereiten und den noch warmen Kuchen damit überziehen. Nach Belieben mit kleinen Marzipankarotten verzieren.

Anna Rosas Kochkünste

Die Dreharbeiten zu der Serie »Dr. med. Mark Wedman, Detektiv inbegriffen« brachten mich nach Rom, Südafrika und Sardinien. Benedikt war drei Jahre alt. Groß genug, um ihn auf die eine oder andere Reise mitzunehmen. Damit ich mich nicht so oft von der Familie trennen mußte – es war ja auch eine finanzielle Frage –, kaufte ich einen kleinen Campingbus.

Nach Rom kamen wir im Spätherbst, die Touristenmassen hatten sich verzogen, die Ewige Stadt war ungewöhnlich still und schön.

Damals – 1973 – gab es noch den Campingplatz im Park der Villa Borghese. Wir teilten ihn selten mit mehr als einem Dutzend anderer Camper. Ein buntgemischtes Völkchen. Kaum einer blieb einen ganzen Monat, wie wir. Alle zwei, drei Tage gab es Abschiede oder Begrüßungen. Mehr als genug Gelegenheiten, ein Glas zu trinken, miteinander zu reden.

Ich erinnere mich noch an einen jungen amerikanischen Musikstudenten, der in einem winzigen Zelt hauste und früh um sechs Uhr anfing, Querflöte zu spielen. – Wunderschön, so geweckt zu werden.

Dann war da noch eine junge argentinische Familie mit einem uralten Bus. Die Eltern arbeiteten mit unendlicher Ausdauer wunderschönen Silberschmuck, mit dem kleinen Sohn hatte Benedikt sich fast sofort angefreundet; es gibt keine Sprachbarrieren, die Kinder trennen könnten. Wenn ich abends von den Dreharbeiten »nach Hause« kam, brachen die Argentinier meist auf, um das, was sie tagsüber gefertigt hatten, an der Spanischen Treppe oder einem der anderen Plätze zu verkaufen, wo sich auch um diese Jahreszeit noch Touristen sammelten.

Katzen gab's – wie überall in Rom – in verschwenderischer Fülle ... Uns lief gleich am ersten Tag ein winziges, mageres, von Ungeziefer wimmelndes Stückchen Kater zu, schwarzweiß gefleckt (soweit das zu erkennen war). Wir päppelten den kleinen Kerl auf, säuberten ihn, ließen ihn entwurmen und impfen, und zum Schluß gab's einen herzzerreißenden Abschied. Das begriff Benedikt aber schon: Einen Römer kann man nicht so ohne weiteres in einen oberbayerischen Marktflecken verpflanzen ...

Wir filmten an den Kaiserforen und draußen an der Via Appia Antica. Oft fuhr ich mit dem Bus zum Drehort, früh am Morgen. Karin und Benedikt schliefen dann noch – und ließen sich auch durch den Verkehrslärm nicht wecken.

Am Forum Romanum zog ich mich eines Morgens gerade – hinter zugezogenen Vorhängen – um, als es einen gewaltigen Stoß gab und im Bus alles durcheinanderflog. Ich schob einen Vorhang zur Seite und sah gerade noch, wie der Lastwagen, der uns gerammt hatte, zurückstieß und in Richtung Via Cavour davonfuhr.

Im nächsten Augenblick saß ich – ohne Hose – am Lenkrad und nahm die Verfolgung auf. Mir blieb gar nichts anderes übrig, als die Verkehrsregeln ebenso souverän zu mißachten, wie der Lastwagenfahrer es tat.

Die Straßen wurden immer enger, die Verfolgung so riskant, daß ich schon aufgeben wollte.

Da versperrte ein Lieferwagen den Weg, der Lkw samt seinem Fahrer saß in der Falle.

Glücklicherweise dachte ich an die Hose, bevor ich ausstieg ...

»Was willst du von mir? Ich soll dich angefahren haben? Ich hab' dich nicht angefahren! He, Leute, hört euch das an! Der Tedesco kommt mit seinem Schrotthaufen nach Rom, und ich soll ihm ein neues Auto bezahlen! Mamma mia! Porca miseria!«

Ich war der Kanonade nicht gewachsen. Mein Italienisch reichte gerade aus, das meiste zu verstehen. Zu ähnlich deftigen Erwiderungen reichte es nicht.

Da kam ein unscheinbarer Mann im altmodischen Anzug, mit Halbglatze und unglaublich glänzend gewienerten Schuhen, klappte einen Ausweis auf und wies sich als Polizist aus.

Der Lkw-Fahrer wurde ganz plötzlich sehr kleinlaut. Aber als der Polizist ihm ohne Umstände die Papiere und den Führerschein wegnahm, begann er wortreich und lautstark zu klagen. Plötzlich war ich nicht mehr der unverschämte Tedesco, der einem Unschuldigen ein neues Auto aus den

Rippen schneiden wollte, sondern sein Wohltäter, der Retter seiner zehn kleinen Kinder – wenn ich den Polizisten veranlaßte, die Papiere wieder herauszugeben. Und wenn ich auf eine Anzeige verzichtete.

Ich wollte nichts weiter als den Namen und die Anschrift seiner Versicherung. Wir wurden uns rasch einig, und der Polizist kümmerte sich nicht weiter um die Angelegenheit.

Der Schaden an meinem Campingbus war recht beträchtlich. Ich ließ ihn richten, als wir wieder in Deutschland waren. Nach zehn oder zwölf Wochen bekam ich einen freundlichen Brief von der Versicherung: Der Lkw-Fahrer sei nicht bei ihnen versichert, sei's auch nie gewesen; vermutlich gehöre er zu jenen, die überhaupt keine Versicherung hätten.

Am gleichen Tag, an dem ich ohne Hose durch Rom brauste, schlug mir irgendein unguter Zeitgenosse eine Scheibe des Wagens ein. Geld fand er nicht, aber er nahm sämtliche Papiere und noch einiges mehr mit. Als wir zurückkamen, sah's im Inneren aus, als wäre nicht eine Scheibe zu Bruch gegangen, sondern ein Dutzend. Glas, wohin man sah. Glas, wohin man trat.

»Das ist nicht unser Tag«, murmelte ich, von den Widerwärtigkeiten ebenso geschafft wie von der Arbeit.

»Die Wirtin an der Via Appia!« sagte Karin plötzlich.

»Was ist mit der?«

»Sie hat einen Bruder! Und der hat eine Autowerkstatt!«

Das stimmte. Wir aßen oft in der kleinen Trattoria vor den Toren Roms. Anna-Rosa machte die besten fettuccine weit und breit. Wir wurden wie Familienmitglieder behandelt, herzlich und ein bißchen rauh.

Aber es war Freitag. Es ging auf sechs Uhr zu.

Trotzdem fuhren wir hinaus zur Via Appia Antica. Es war der einzige erfolgversprechende Versuch, wenn wir die nächste Nacht in unserem Bus und nicht in einem teuren Hotel verbringen wollten.

Der Bruder kam, besah sich den Schaden und begann, ganz furchtbar über die rapitori und ladri unter seinen Landsleuten zu schimpfen. Er war den Tränen nahe, als er sich – und uns – ausmalte, wie diese Kerle dem Ruf Italiens schadeten.

Aber er verlor das Problem darüber nicht aus den Augen. Während er zum Telefon ging, versprach er mit großer Geste:

»Sie kriegen eine neue Scheibe, Signore! Heute noch!«

Ich war gespannt, wo er sie beschaffen wollte. Es gab ein VW-Zentrallager, aber am anderen Ende Roms. Und mittlerweile fehlte nicht mehr viel an sieben Uhr.

Das Zentralmagazin war noch besetzt. Und eine Scheibe des benötigten Typs war vorrätig. Eine einzige! Salvatore, unser guter Geist, wiederholte die Nummer und ließ sie sich noch einmal bestätigen.

»Die Scheibe kommt«, sagte er. »Mit dem Taxi. In einer halben Stunde ist sie da.«

Das Taxi brauchte eine Stunde durch den Feierabendverkehr. Als der Fahrer die Scheibe aus dem Kofferraum nahm, sah ich, daß es die falsche war.

Salvatore sah es auch. Er fluchte. Er raufte sich das Haar. Er stürzte zum Telefon, wählte die Nummer des Zentralmagazins und erkundigte sich nach dem Geisteszustand seines Gesprächspartners:

»Was hast du im Kopf, ha? Kannst du dir nicht eine einzige kleine Nummer merken? Kannst du nicht schreiben, du Esel? Wie? – Es ist die falsche Scheibe! Die falsche! Nimm die richtige und schick sie her, aber rapido, rapido!«

Soweit ich's mitbekam, schien der Mann im Zentralmagazin besten Willens.

Aber nun gab's kein Taxi mehr...

Gegen neun Uhr wurde die Scheibe gebracht. Die richtige. Salvatore brauchte etwa zwei Minuten, um sie einzusetzen. Und was er für die ganze Aufregung und Mühe verlange, war lächerlich wenig. Wir konnten ihn nicht einmal zum Essen einladen, denn zu Hause warteten seine *moglie* mit den vier *bambini*.

So blieb uns nichts übrig, als uns allein zu Tisch zu setzen und uns durch Anna-Rosas Kochkünste mit dem Tag versöhnen zu lassen.

Überbackener Fenchel

Zutaten: 4 Fenchelknollen, 1 Zitrone, Salz, 40 g Butter, 40 g Mehl, ½ l Milch, 150 g Gouda, 200 g gekochter Schinken, Pfeffer, Muskat, Zucker.

Fenchelknollen putzen und halbieren oder vierteln. In Salzwasser mit Zitronensaft etwa 25 Minuten kochen (kalt aufstellen). Aus Butter und Mehl eine helle Schwitze bereiten und mit der Milch auffüllen. Unter Rühren ausquellen lassen. Den geriebenen Käse unter die Sauce ziehen und mit Salz, Pfeffer, Muskat und Zucker abschmecken. Den abgetropften Fenchel mit dem in Streifen geschnittenen Schinken in eine feuerfeste Form füllen. Die Sauce darübergießen und im auf 225 Grad vorgeheizten Backofen 20 Minuten überbacken.

Fettuccine alla Anna-Rosa

Zutaten für den Teig: 400 g Mehl, 3 Eier, 2 Eigelb, 1 Prise Salz. Für die Sauce: 125 g Butter, 0,2 l süße Sahne, 4 El frisch geriebener Parmesan.

Mehl in eine Schüssel füllen, eine Vertiefung in die Mitte drücken, Eier und Eigelb sowie die Prise Salz hineingeben. Mehl und Eier mit einer Gabel verrühren, bis ein Teig entsteht, den man mit der Hand weiterkneten kann. Der fertige Teig muß glänzend und elastisch sein. Etwa 1 cm dick ausrollen und 20 Minuten ruhen lassen. Danach so dünn wie möglich ausrollen. (Sowenig Mehl wie möglich verwenden, um das Festkleben des Teigs zu vermeiden.) Mit einem Messer in 2 cm breite Streifen schneiden und noch ½ Stunde trocknen lassen. Danach in mehreren Portionen in Salzwasser aldente kochen. Dem Wasser 1 El Öl zufügen, damit die Nudeln nicht zusamenkleben.
Eine italienische Nudelmaschine, wie sie dort in jedem Haushalt steht, erleichtert die Herstellung beträchtlich. Mittlerweile kann man diese Maschinchen auch bei uns kaufen. Für die Sauce Butter zerlaufen lassen. Sahne und Parmesan hinzufügen und leicht cremig kochen. Über die heißen Nudeln gießen und sofort servieren. Nach Geschmack bei Tisch mit Pfeffer aus der Mühle würzen.

Geschmorter Ochsenschwanz mit Stangensellerie

Zutaten: 1½ kg Ochsenschwanz, in 3 cm lange Stücke zerhackt, Salz, Pfeffer, Mehl, 3 El Olivenöl, 1 große, feingehackte Zwiebel, 1 Tl feingehackter Knoblauch, ¹⁄₁₀ l trockener Rotwein, ⅕ l Brühe, ½ Dose Tomaten, abgetropft und feingehackt, 1 El Tomatenmark, 4 Gewürznelken, ⅕ l Wasser, 1 Staude Stangensellerie, in 2 cm lange Stücke geschnitten.

Das Rohr auf 115 Grad vorwärmen. Die Ochsenschwanzstücke salzen, pfeffern und in Mehl wenden. In einer Pfanne das Olivenöl stark erhitzen und die Fleischstücke portionsweise darin anbraten. Danach in eine 3 bis 4 l fassende Kasserolle geben. Nur eine dünne Schicht Fett in der Pfanne lassen, darin Zwiebeln und Knoblauch 8 bis 10 Minuten dünsten. Den Rotwein zugeben und bei großer Hitze fast ganz verkochen lassen. Die Brühe aufgießen und 1 bis 2 Minuten kochen lassen, dann den Pfanneninhalt über das Fleisch gießen. Tomaten, Tomatenmark und Nelken zugeben. Aufkochen lassen, und danach auf dem mittleren Einschub des Rohrs etwa 3½ Stunden zugedeckt schmoren lassen. Stangensellerie in wenig kochendem Wasser 5 Minuten dünsten. Nach Ablauf der 3½stündigen Schmorzeit zum Fleisch geben und weitere 30 Minuten im geschlossenen Topf schmoren. Möglichst viel Fett von der Sauce abschöpfen. In der Kasserolle servieren. Brot oder Reis als Beilage – eine Geschmacksfrage. Ein kräftiger Wein rundet den Geschmack ab.

Crema al rum

Zutaten: 6 Eigelb, 200 g Zucker, 1 Päckchen Vanillezucker, ⅕ l Milch, 5 Blatt farblose Gelatine, 5 El Rum, ½ l süße Sahne.

Zucker und Vanillezucker mit dem Eigelb cremig rühren und mit der Milch aufgießen. Unter ständigem Rühren bei kleiner Hitze dick werden, aber nicht aufkochen lassen. Die 10 Minuten in kaltem Wasser eingeweichte und ausgedrückte Gelatine und den Rum in die Creme geben. Gründlich durchrühren, bis die Gelatine sich vollständig aufgelöst hat. Wenn die Creme anfängt, zu erstarren, die gezuckerte und steifgeschlagene Sahne unterziehen. Für einige Stunden in den Kühlschrank stellen.

Südafrika: Skilaufen, Schlangen und Schweinekoteletts

Aus dem deutschen Herbst kam ich in den südafrikanischen Frühling. Die Drehplätze wechselten ständig, ich lernte das ganze Land kennen. Von Johannesburg ging's nach Durban, von dort nach East-London und weiter ins Land der Strauße: Ein unglaublich weites Hochplateau, wo diese riesigen Vögel in einem irrsinnigen Tempo umherrasen, daß man sicher ist, sie müßten sich im nächsten Augenblick den Hals brechen.

Früher einmal war das ein sehr lukratives Geschäft: Strauße wurden ihrer Federn wegen gezüchtet. Dann kamen Straußenfedern aus der (Damen-)Mode. Offenbar gibt es aber jetzt einen gewissen Trend zurück zu diesem dekorativen Schmuck. Jedenfalls machen die wenigen übriggebliebenen Straußen-Züchter recht gute Geschäfte.

Über Kapstadt – eine der schönsten Städte der Welt – reisten wir weiter ins ehemalige Deutsch-Südwest. In Windhuk brauchten wir nicht erst unser Hotel – den Frankfurter Hof – aufzusuchen, um uns heimisch zu fühlen. Windhuk ist immer noch eine deutsche Stadt. Die meisten weißen Kinder sind blondhaarig, fast jeder spricht deutsch – und als wir nach Swakopmund kamen, fühlte ich mich nach Travemünde versetzt. Irgendwann um 1914 muß die Zeit hier stehengeblieben sein ...

Die Arbeit an der Serie »Dr. med. Mark Wedman« ließ mir viel Zeit, Land und Leute kennenzulernen. Zwischen Swakopmund und Walfischbai lernte ich die höchsten Dünen der Welt kennen. Sie ragen bis zu 400 Meter auf.

»Was hältst du von einer Skitour am Wochenende?« fragte Hans, ein Einheimischer, den ich ein paar Tage zuvor kennengelernt hatte.

Es war sommerlich warm. Ich dachte an Wasserski.

»Du brauchst Bretter«, sagte Hans. »Und Schuhe, natürlich.« Er musterte meine Füße: »Größe 43?«

»Wasserski mit Schuhen?«

Er starrte mich an und platzte laut und fröhlich heraus: »Wasserski? Du bist gut! Nein, nein, wir haben hier einen richtigen Skiclub, und es gibt ein paar feine Abfahrten!«

Ich muß ihn ziemlich ungläubig angestarrt haben.

»Du denkst, ich spinne, ja? Aber es ist wahr.«

»Skiclub? Abfahrten? Wo denn? Hier gibt's doch überhaupt keinen Schnee! Und jetzt schon gar nicht, wo euer afrikanischer Sommer beginnt!«

Ich war wirklich total verwirrt.

»Natürlich gibt's hier keinen Schnee«, erklärte Hans geduldig. »Aber Dünen, nicht wahr? Ich hab' sie dir gezeigt. Wir fahren von den Dünen ab, und zwar auf der meerfernen Seite, weil sie da steiler sind.«

Ich glaubte es erst, als ich's sah. Es gab sogar eine Sprungschanze.

Hans besorgte mir ein paar ganz normale Skier, wie ich sie von zu Hause kannte.

»Es gibt auch schon welche, die eine spezielle Beschichtung für Sand haben. Sind aber noch zu teuer.«

»Wie lange halten die hier?« fragte ich mißtrauisch. »Der Sand muß sie doch innerhalb kürzester Zeit einfach wegschmirgeln.«

»Unser Sand?« fragte er fast beleidigt. »Unser Sand ist so fein, der fließt mit und schmirgelt praktisch überhaupt nicht.«

Die Ausrüstung war für einen an Schnee, Kälte und Wind gewöhnten oberbayerischen Skiläufer gewöhnungsbedürftig: Jeans, Sommerhemd und schwere Schnallenstiefel.

Das erste und größte Problem war der Aufstieg. Der Sand ging einfach unter den Füßen weg. Hans war – mit den Gegebenheiten vertraut – viel geschickter und lange vor mir oben.

Irgendwann schaffte ich's aber auch, und die unerwartete Möglichkeit, im südwestlichen Afrika an einem heißen Vorsommertag Ski zu laufen, erwies sich als echtes Vergnügen. Es ging nicht wie auf Schnee, aber es ging.

Nach vier, fünf Abfahrten entzündeten wir mitten in der Wüste ein Feuer und grillten wunderbar zartes Lammfleisch. Für mich war das einer der schönsten Tage der ganzen Reise. Als wir nach Swakopmund zurückkamen, fragte mich Willibert, ein anderer Deutscher, der dort lebt:

»Hat Spaß gemacht, wie? Offenbar hat dich keine Schlange in den Hintern gebissen.« Er grinste.

»Gibt's da wirklich Schlangen?«

»Natürlich. Hübsche kleine Sandvipern. Die graben sich in den Sand ein und gucken nur mit ihren Knopfaugen heraus.«

»Giftig?« Ich schüttelte mich unwillkürlich.

»Hochgiftig. Wenn du nicht sofort ärztliche Hilfe bekommst und das richtige Serum, bist du hin.«

Ich dachte an einige Stürze, die ich mir – als Anfänger auf dem ungewohnten Untergrund – geleistet hatte. Mir wurde ziemlich mulmig. Nur gut, daß mich niemand vor unserer Skitour auf die Gefahr hingewiesen hatte. Ich hätte den Tag kaum so unbeschwert genossen.

In der Nähe von Johannesburg besuchte ich auf der Rückreise eine Schlangenfarm. Dort werden alle im Land vorkommenden Schlangen gezüchtet. Zu Forschungszwecken, aber hauptsächlich, um ihr Gift zu isolieren und daraus Gegengift zu gewinnen.

Man zeigte mir einen stillen, älteren Mann. Er arbeitete seit zwei Dutzend Jahren auf der Farm und war in dieser Zeit so oft gebissen worden, daß er selbst die Übersicht verloren hatte.

Dr. Blümel, Schlangenfachmann und Arzt, erklärte mir:

»Der nächste Biß wird sein Tod sein. Er war eine Zeitlang fast immun, aber nun besitzt sein Körper keine Abwehrkräfte mehr. Er reagiert einfach nicht mehr auf die Seren. Es braucht gar keine grüne Mamba zu sein, irgendein vergleichsweise harmloses Reptil genügt, ihn umzubringen.«

»Aber«, fragte ich fassungslos, »weshalb bleibt er dann hier?«

»Weil die Farm seine Heimat ist«, entgegnete Dr. Blümel.

Vier Jahre später war ich zufällig wieder in der Nähe. Ich suchte die Farm auf. Dr. Blümel war noch da. Der alte Mann nicht mehr. Kurz nach meinem ersten Besuch hatte ihn wieder eine Schlange erwischt. Eine grüne Mamba. Er war sehr schnell gestorben.

In Südafrika hatte ich vorübergehend einen kleinen Bungalow gemietet, der auch über eine Küche verfügte. Als ich unerwarteten Besuch bekam, bereitete ich selbst eine kleine Mahlzeit und revanchierte mich damit für eine Einladung tags zuvor. Das erste Rezept stammt von meinen südafrikanischen Freunden, das zweite von mir; es ist ganz einfach zu bereiten, und bis jetzt hat's allen Leuten geschmeckt, denen ich es vorgesetzt habe.

Schweinekoteletts mit Aprikosen

Zutaten: 4 dicke Schweinekoteletts, ¼Tl Ingwerpulver, 1 Tl Salz, schwarzer Pfeffer aus der Mühle, 3 El Butter, 2 kleine, feingehackte Zwiebeln, 1 Tl Tomatenmark, ½ Tasse trockener Rotwein, 8 Aprikosenhälften (frisch oder aus der Dose; frische Aprikosen müssen kurz gedünstet werden), 3 El Paniermehl.

Die Koteletts mit Salz, Pfeffer und Ingwer würzen und bei starker Hitze von beiden Seiten in 2/3 der Butter braten. In eine feuerfeste Form legen und mit den gehackten Zwiebeln umgeben. Den Wein und das Tomatenmark in den Fond aus der Pfanne rühren, die Koteletts damit übergießen. Die Aprikosen auf die Koteletts legen, Paniermehl über die ganze Oberfläche streuen und Butterflöckchen aufsetzen. Im vorgeheizten Rohr bei 160 Grad etwa 45 Minuten backen. Reis und grüne Bohnen sind sehr passende Beilagen.

Mariniertes Rindfleisch

Zutaten: 800 g Lende oder Rouladenfleisch, 4 große Zwiebeln, 750 g ganze, möglichst kleine Champignons aus der Dose, Saft von 2 Zitronen, Öl, Pfeffer aus der Mühle, Salz, 1 Tl Oregano.

Roulladenfleisch muß einige Stunden länger in der Marinade liegen als die im allgemeinen zartere Lende. Das Fleisch in knapp zentimeterdicke Scheiben schneiden und diese in kleine Quadrate. In eine flache Schüssel legen, mit Salz, Pfeffer und Oregano bestreuen. Die Zwiebeln in Ringe schneiden, über das Fleisch schichten und salzen. Die abgetropften Champignons darübergeben. Mit dem Zitronensaft und reichlich Öl übergießen und – je nach Beschaffenheit des Fleisches – einige Stunden oder auch über Nacht stehen lassen. (Soll es besonders schnell gehen, kann man ein allerdings sehr viel teureres Filet nehmen und rechnet dann nur etwa 1 Stunde Marinierzeit.) In einer beschichteten Pfanne ohne weitere Zugabe von Fett bei großer Hitze anbraten (wobei das Fleisch unten liegen soll), danach zugedeckt bei kleiner Hitze weiterdünsten lassen, bis die Zwiebeln weich sind. Sofort servieren. Als Beilage genügt ein Stangen- oder auch ein dunkles Brot. Das Gericht verträgt als Getränk einen sehr kräftigen Roten.

Dreharbeiten auf Sardinien

Als ich für die »Dr. med. Mark Wedman«-Serie nach Sardinien fuhr, kamen Karin und Benedikt in unserem mittlerweile reparierten Campingbus mit.

Wir drehten in einem weltabgeschiedenen Bergdorf im Südwesten der Insel: San Benedetto. Touristen sind dort noch unbekannt. Während die Erwachsenen sich zunächst ganz betont zurückhielten, nahm die Dorfjugend die Fremden gleich in Augenschein und machte sie zum Inhalt heftiger Diskussionen.

Gar nicht beruhigen konnten sich die Jungen und Mädchen über den strohblonden Benedikt. Er war sofort – und dann ständig – von zehn, 15, manchmal 20 kohlrabenschwarzen Haarschöpfen umgeben. Jeder wollte ihn anfassen, und sie bestaunten ihn wie ein Weltwunder.

Dann wollten sie wissen, wie er heißt. Mittlerweile waren auch einige neugierige Erwachsene nähergekommen.

»Benedikt.«

»Benedikt«, wiederholten sie und sahen sich an. Bis einem die Erleuchtung kam, und er strahlend sagte: »Aah, Benedetto! Benedetto!«

Von da an wurde unser Sohn wie eine Art Dorfpatron behandelt, und er schien die Aufmerksamkeit, die ihm jeder widmete, sehr zu genießen.

Die Dreharbeiten gingen nicht so reibungslos voran, wie wir es uns wünschten. Vielleicht lag's an der archaischen Landschaft, daß den meisten von uns der rechte Schwung für etwas so Heutiges wie das Filmen fehlte.

Selbst einfache Szenen mußten sechs-, siebenmal wiederholt werden. Ich erinnere mich genau an eine Einstellung, in der wir zu dritt vor der Kamera standen. Immer und immer wieder schrie der Regisseur:

»Aus! Aufhören! Das stimmt doch nicht!«

Was nicht stimmte war abwechselnd das Licht, war eine Geste, war ein Schritt oder eine Wendung.

Als es endlich zu klappen schien, unterbrach der Kameramann, weil der Mikrofongalgen ins Bild hing.

Und dann, beim achten oder neunten Versuch, als unsere Nerven bereits wie zu straff gespannte Saiten klirrten, ging endlich alles so, wie der Regisseur, der Kameramann und wir selbst es uns vorgestellt hatten.

Allgemeines Aufatmen, die Einstellung war im Kasten.

Dachten wir.

Da aber meldete sich leise, mit bescheidener Stimme, die Regieassistentin:

»Es tut mir ja wirklich furchtbar leid, aber Herr Rauch hat ›Toni Iglesias‹ gesagt. Iglesias ist aber schon seit der 133. Einstellung tot, hier geht es um Tonio Masalla.«

Das sind so Augenblicke, in denen kleine Widerwärtigkeiten sich zu unüberwindbaren Bergen zu türmen scheinen und man sich heftig nach einem anderen Beruf sehnt ...

Wie fast überall auf der Welt, war auch in San Benedetto die Theke einer der besten Plätze, die Einheimischen kennenzulernen. Die Männer waren alle von einem dumpfen, verschlossenen Stolz – der in den meisten Fällen nur ihre Armut kaschierte. Sie sprachen vom Festland wie von einer anderen Welt, und das war's ja auch.

Von der sardischen Abart der Mafia sprachen sie nicht. Das Thema war Fremden gegenüber absolut tabu. Doch kein Mann, der nicht eine Schußwaffe gehabt hätte. Viele trugen Pistolen oder Revolver; zwar unter der Jacke, meist im Gürtel, aber doch so, daß sie nicht zu übersehen waren.

Es gab auch in San Benedetto Todfeinde, die sich tagtäglich mit finsteren Blicken maßen und von denen das ganze Dorf wußte: Daß einer den anderen umbrachte, war nur eine Frage der Zeit.

Wir, die Fremden, blieben damals noch unberührt von diesen Fehden. Uns krümmte niemand ein Haar. Wir konnten den Bus mit allem, was an Bord war, offen stehenlassen, und es wurde nicht die geringste Kleinigkeit gestohlen.

Von Sardinien habe ich einige besonders schmackhafte Rezepte mitgebracht:

Auberginen mit Tomaten und Büffelkäse

Zutaten: 1 Aubergine von etwa 300 g, 1 große Fleischtomate, 250 g Büffelkäse, ersatzweise halbfest ausgedrückter Magerquark, 2 bis 3 Knoblauchzehen, Salz, Pfeffer, Basilikum, Öl, Parmesan.

Die Aubergine in etwa 1 cm dicke, runde Scheiben schneiden. Leicht salzen und Saft ziehen lassen. Ausdrücken und in reichlich Öl von beiden Seiten braun anbraten. In eine flache, feuerfeste Form geben. Den in dünne Scheiben geschnittenen Knoblauch darauf verteilen. Jede Auberginenscheibe mit einer Tomatenscheibe belegen. Pfeffer und Basilikum drüberstreuen. Den Büffelkäse in Scheiben schneiden und das Gemüse damit belegen. (Falls Quark verwendet wird, diesen einfach zerkrümeln). Im auf 225 bis 250 Grad vorgeheizten Rohr etwa 20 Minuten backen. Mit sehr viel Parmesan bestreut servieren.

Geschmortes Kalbfleisch

Zutaten: 1 kg Kalbsbraten, 2 Anchovisfilets, 1 Tl feingehackter Knoblauch, 1 Tl gehackte Petersilie, 3 El Olivenöl, 3 feingehackte Zwiebeln, 3 feingehackte Möhren, ½ Staude Stangensellerie, ¹⁄₁₀ l trockener Weißwein, ⅕ l Hühnerbrühe, ½ Tl Zitronensaft, Salz, 2 El gehackte Petersilie zum Bestreuen des aufgeschnittenen Bratens.

Die Anchovis 10 Minuten wässern, abtrocknen, in etwa 2 cm lange Stücke schneiden und in der Mischung aus Petersilie und Knoblauch wenden. Mit einem spitzen Messer tiefe Einschnitte in den Braten machen und die Anchovis hineinstecken. Öl erhitzen und das Fleisch von allen Seiten braun anbraten. Herausnehmen und in dem Fett die Gemüse anbraten, bis sie Farbe haben. Mit Weißwein ablöschen und allen Bratensatz vom Boden lösen. Das Fleisch wieder in die Kasserolle legen, mit Hühnerbrühe auffüllen, aufkochen lassen und dann zugedeckt im Rohr bei 175 Grad etwa anderthalb Stunden garen. Fleisch in Scheiben schneiden, auf einer Platte warmstellen und mit Petersilie bestreuen. Sauce durch ein Sieb gießen und die Gemüse durchdrücken. Auf großer Flamme stark einkochen lassen, mit Zitronensaft und Salz abschmecken und über das Fleisch gießen. Zum geschmorten Kalbfleisch paßt besonders gut die

Tomatensauce mit schwarzen Oliven

Zutaten: 1 kleine Dose Tomaten oder 1 kg frische Tomaten, 50 g gewürfelter Speck, 1 El Butter, 1 gehackte Zwiebel, 1 gehackte Knoblauchzehe, etwas Tomatenmark, Salz, Pfeffer, Basilikum, 1 El gehackte Petersilie, 1 El gekernte schwarze Oliven (wenn möglich italienische).

Speck auslassen, Butter dazugeben und zerlaufen lassen und die Zwiebel in dieser Mischung goldgelb dünsten. Die Tomaten (frische werden geviertelt, bei Dosentomaten verwendet man auch den Saft) dazugeben und alles kräftig durchkochen lassen. Knoblauch, Salz, Pfeffer und Basilikum hinzugeben und bei kleiner Hitze etwa 30 Minuten köcheln lassen. Die Tomaten sind jetzt verkocht. Bei Verwendung von frischen Tomaten die Sauce jetzt durch ein Sieb drücken. Mit Tomatenmark kräftig abschmecken, die Oliven dazugeben und 5 Minuten ziehen lassen. Falls noch zuviel Flüssigkeit vorhanden ist, ohne Deckel einige weitere Minuten leicht kochen lassen, bis die Sauce sämig ist. Zum Schluß Petersilie hineinrühren. Diese Tomatensauce schmeckt auch zu Pasta vorzüglich. Eine delikate Variation ergibt sich, wenn man Oliven und Petersilie wegläßt und stattdessen mit süßer Sahne abschmeckt.

Unser Bauernhof, unsere Heimat

Ohne Kinder wäre ich nicht zu meinem Bauernhof gekommen. Und ohne diesen Fixpunkt meines Daseins wäre ich heute nicht halb so zufrieden.

Angefangen hat's damit, daß das Leben in einer Etagenwohnung immer unerträglicher wurde – für Benedikt und damit auch für Karin und mich. Die Wohnung war zu eng, draußen wurde die Wiese Rasen genannt und durfte deshalb nicht betreten werden. Es gab weit und breit keinen Spielplatz. Ein fanatischer Hobbybauer, dem das angrenzende Grundstück gehörte, fing den Kindern die Bälle weg und schützte seinen Besitz durch einen Elektrozaun. Es war einfach trostlos.

Wir wollten auf einem Bauernhof leben, Karin und ich, aber es war sehr schwer, den richtigen zu finden. Wir waren schon ziemlich entmutigt, als wir *unser* Dorf fanden und darin *unseren* Hof. Ein richtiges Bauerndorf, dessen Bewohner wie ihre Väter und Vorväter Ackerbau und Viehzucht treiben und Federvieh halten und schlachten und ihr eigenes Brot backen und buttern, wo jeder den anderen so gut kennt wie seine eigenen Schwächen, wo das Zusammenleben einfach Freude macht.

Bei dem Bauern, der in einen neuen Hof am Dorfrand zog, hatten Karins Eltern, wie sich herausstellte, schon 40 Jahre früher ihre Kartoffeln gekauft. So etwas verbindet ...

»Den Hof kriegt nur ihr, das ist doch klar«, sagte der Kölbl Heribert. (Er sagte es natürlich in seiner Sprache; aber ein richtiger oberbayerischer Dialekt ist schon für die Menschen in der nächsten Stadt oft kaum zu verstehen.)

Wir hatten ein bißchen Bargeld, einen Bausparvertrag und eine Portion Mut. Deshalb wollte ich sofort kaufen.

»Nein«, sagte der Bauer, »das brauch' ich jetzt noch nicht, das Geld. Nächstes Jahr, vielleicht. Aber verlaßt's euch drauf, ich geh' zu keinem Makler.«

Wie er die Makler nannte, behalte ich besser für mich.

Heribert Kölbl hielt sein Versprechen. Wir bekamen den Hof ein Jahr später.

Natürlich hatten wir auch einige Freunde, die meinten:

»Da gibt's doch nur eine Möglichkeit: Abbrennen lassen und neu bauen!«

Wenn ich mir heute die alten Fotos und Filme anschaue, kommt mir der Vorschlag gar nicht so unverständlich vor.

Ich war seinerzeit überzeugter als Karin, was unsere Entscheidung für den Hof betraf. Natürlich war es eine gewaltige Umstellung: Von der zwar nicht sehr geräumigen, aber komfortablen Etagenwohnung in einen uralten Bauernhof ohne Zentralheizung, Badezimmer, WC...

Nachdem wir den Hof gekauft hatten, ergab sich jedoch alles andere von selbst. Wir hatten uns nicht übernommen, aber beides, Bauernhof und Wohnung, wollte und konnte ich mir nicht leisten. Außerdem war ich überzeugt: Wenn wir sofort einziehen, geht's auch mit dem Aus- und Umbau vorwärts.

Im Herbst 1973 zogen wir um.

»Wird schon werden«, sagte ich tröstend, als ich spürte, wie deprimiert Karin war. »Jetzt ist zwar alles noch sehr einfach...«

»Primitiv, willst du sagen.«

»Na und? Von 1742 bis 1972 haben's die Leute hier ohne Bad, ohne Heizung, mit Plumpsklo und Herdfeuer ausgehalten. Da wird uns ein halbes oder auch ein ganzes Jahr unter den gleichen Bedingungen nicht umbringen.«

Aber der erste Winter war wirklich hart. Das spürte ich besonders intensiv, wenn ich im eiskalten Stall stand und unter der Gießkanne duschte. Im Stall war auch das Plumpsklo, und bei Ostwind pfiff's ganz gemein von unten herein... Dafür war's in der Wohnküche bullig warm; so kann eben nur ein Holzfeuer wärmen.

Alles in allem fand ich's herrlich, aber Karin war zu jener Zeit schon manchmal der Verzweiflung nah.

Wir hatten eine Liste geschrieben, um Prioritäten für den Aus- und Umbau zu setzen. Der Hof wurde nach und nach wohnlicher. Ein wunderbares Gefühl, das eigene Zuhause wachsen und werden zu sehen.

Wir mußten mit jeder Mark rechnen, oft wünschte ich mir die Möglichkeit, großzügiger planen zu können. Aber der Hof wäre nicht das geworden, was er uns heute bedeutet, wenn ich genügend Geld auf der Bank gehabt hätte, um in die vollen zu gehen.

Ich habe mein Herz an dieses Haus gehängt, und das ist besser, als sich mit irgendwelchem Krimskrams zu verzetteln.

Früher habe ich keinen Nagel in die Wand schlagen können. Plötzlich muße ich ganze Wände herausreißen. In der Zwischenzeit habe ich auch gelernt, eine Wand aufzumauern, und es macht mir Spaß. Tatsächlich gibt es kaum etwas, das der Mensch nicht lernen kann, wenn sich die Notwendigkeit ergibt. Dabei kommt man zu ungeahnten Erfolgserlebnissen:

Der Kölbl Heribert hatte uns von einem Rohr erzählt, das in der Wand und im Boden lag. Ein Abflußrohr. Irgendwann hatte er ein Bad einbauen wollen und das Rohr gelegt, als ein Fußboden erneuert werden mußte.

Wir fanden das Rohrende im Haus und schlossen andere Rohre an, bis hinauf in den Raum, den wir zum Badezimmer bestimmt hatten.

Die Schwierigkeit war: Niemand wußte genau, wohin das Jahre früher gelegte Rohr führte. Keller gibt's keinen, aber die Fundamente reichen gut anderthalb Meter in die Erde.

Innen konnte ich nicht graben, ohne einen ganzen Fußboden herauszureißen. Also mußte ich mein Glück von außen versuchen.

Ich grub und grub. Ich kam ans untere Ende der dicken Tuffsteinmauern, arbeitete mich Meter um Meter daran entlang.

Nichts.

Die Arbeit war nicht ungefährlich. Auch kein Fachmann konnte mir sagen, wie das alte Gemäuer sich verhielt, wenn plötzlich auf einer Seite das ganze Fundament freigelegt wurde. Vorsichtshalber hatte ich schon einen Sturzhelm aufgesetzt, und Karin hielt mich an den Fußknöcheln, um mich vielleicht noch rechtzeitig herauszuziehen, wenn ein paar Tonnen Gestein herunterkamen.

Ich fand dieses verflixte Rohr nicht. Ich begann, an seiner Existenz zu zweifeln. Vielleicht hatte der Bauer seinerzeit einfach vergessen, es zu legen, und die Leitung endete nicht hier draußen, sondern blind irgendwo unter dem Stubenfußboden.

Dann hatte ich eine grandiose Idee: Wenn ich oben ein paar Eimer Wasser in die schon installierte Duschwanne, ins WC oder die Badewanne schüttete, mußte es unten irgendwo herauskommen!

Ich arbeitete mich aus dem engen Graben, in dem ich fast kopfüber hing.

»Einen Eimer!«

»Wozu denn?« fragte Karin.

»Schnell, einen Eimer!« Vielleicht klappte es nicht. Weshalb also darüber sprechen?

Ich schleppte den ersten Eimer mit Wasser hinauf, kippte ihn aus, rannte zum Fenster, lauschte. Ich holte den zweiten Eimer, den dritten, vierten, fünften.

Karin stand an der Tür und beobachtete mich besorgt.

Der sechste Eimer. Irgendwo begann's zu gluckern. Aus dem Gluckern wurde ein Rauschen. Ich beugte mich weit aus dem Fenster, und da sah ich die von der Erde bräunlich gefärbte Brühe! Das Rohr war tatsächlich da, und ich hatte es gefunden!

Die erste Dusche im weitgehend selbstgebauten Badezimmer war die schönste meines Lebens.

Der Umschwung – das Land um die Hofgebäude herum – hatte bei unserem Einzug kaum Ähnlichkeit mit einem Garten. Eine hügelige Wildnis, der die richtige Erde fehlte, damit etwas anderes als Unkraut darauf wuchs.

In der Nähe wurde eine Straße ausgebaut. Die Arbeiter hatten riesige Humusberge zusammengeschoben. Ich machte den Vorarbeiter ausfindig:

»Von der Erde da könnt' ich was gebrauchen.«

Er musterte mich und sagte:

»Sie kriegen die Erde, und wir kriegen ein Autogramm.«

Nachdem sechs riesige Lastwagen Humus herangekarrt waren, kam die Truppe abends noch mit einer Planierraupe. Wir setzten uns zu einer zünftigen Brotzeit in die Küche und tranken ungeheure Mengen Bier und Schnaps. Am nächsten Morgen bot unser Grundstück einen Anblick, an dem ich mich gar nicht sattsehen konnte. Inzwischen ist tatsächlich ein Garten daraus geworden. Ein Bauerngarten. Mit einer großen Wiese. Ein Paradies für Kinder und Erwachsene, in dem es keine Verbote gibt.

Wenn die Leute auf dem Land etwas nicht ausstehen können, dann sind es die Großkopfeten, die herkommen und ihnen sagen wollen, wo's langgeht.

Auch wir mußten erst einmal beweisen, daß wir normale Menschen sind. Ich hab' mich leichtgetan, weil ich die Sprache meiner neuen Nachbarn spreche. Und weil ich mir nicht zu schade bin, zuzupacken.

Auch wenn ich die Pleite mehr als einmal unausweichlich kommen sah, weil mir einfach das notwendige Rüstzeug fehlte. Zum Beispiel damals, als die Nachbarin, da kein anderes Mannsbild in der Nähe war, über die Straße rief:

»Komm, Sigi! Komm! Kaibl ziagn!«

»Was muß ich da machen?« schrie ich zurück.

»Des siagst dann scho!« Und verschwand im Stall.

Ich ging mit sehr gemischten Gefühlen hinüber. Die Kuh tat mir leid und ich mir selbst ebenso. Aber gemeinsam mit der Bäuerin und der geduldigen Mutter brachte ich das Kälbchen unversehrt ans Licht der fliegendreckfleckigen Stallampe.

Sowas macht einen ungeheuer stark.

Wenn etwas nicht im ersten Anlauf klappt, nimmt man eben einen zweiten. So wie bei der Geschichte mit den Äpfeln.

Auf unserem Grundstück stehen viel zu viele Apfelbäume, als daß wir die Früchte alle essen könnten. Einkochen und Verschenken, das hat auch seine Grenzen. Also blieben in den ersten Jahren viele Äpfel unter den Bäumen liegen und vergammelten.

Bis ich's nicht mehr ansehen konnte.

Ein Obstbauer im Südtiroler Nals verriet mir sein Rezept, aus Äpfeln Most zu machen. Ich hielt mich peinlich genau daran, aber es funktionierte nicht. Vielleicht, weil's bei uns in Oberbayern eben im Schnitt doch ein paar Grad kühler ist als jenseits des nördlichen Alpenhauptkammes.

Die Äpfel gärten nicht, sie faulten. Als ich von einer Reise zurückkam, hatte Karin sie auf den nächsten Misthaufen gebracht.

Im nächsten Jahr packte mich wieder der Ehrgeiz. Ich besorgte mir ein anderes, ein hiesiges Rezept und fuhr meine Äpfel zur Kelterei. Für jeden Zentner Obst gab's 33 Liter Saft. Der Raum hinter der Küche verwandelte sich in ein Labor. Gärballon stand neben Gärballon, und ich paßte genau auf, daß sie die gleichmäßigen 20 Grad hatten, die sie brauchten.

Nach ein paar Tagen begann's wirklich zu blubbern. Nach drei oder vier Wochen war der Gärvorgang beendet. Ich zog den ersten eigenen Apfelmost auf Flaschen und fand ihn herrlich.

Gewiß, es ist kein Château Lafite-Rothschild, aber dafür habe ich ihn gemacht, ich ganz persönlich und allein.

Jakob, unser zweiter Sohn, ist 1976 zur Welt gekommen. Für ihn war der Hof von Anfang an Heimat. Benedikt, ein ganz anderer, stillerer Typ, hat wohl anfangs Kontaktschwierigkeiten gehabt, aber längst ist auch für ihn unsere kleine Welt die beste aller Welten, und ich wünsche ihm, daß sie's möglichst lange bleibt.

Jakob (von dem ich mir nicht vorstellen kann, daß ihm überhaupt irgendein Mensch Schwierigkeiten zu machen vermag), lebt hier draußen, als wäre er in jedem Hof zu Hause. Er hat allerdings seine Lieblingsadressen, weiß sehr genau, wo's die besten Wurstbrote gibt und wer am besten kocht. Kommt er heim, dann hat er meistens schon gegessen.

Für die Kinder ist hier jeder Tag ein Abenteuer. Und ein Abenteuer das Natürliche. Daß die Erwachsenen da hin und wieder glauben, sie müßten sich aufregen, wird allenfalls zur Kenntnis genommen.

Wie letztes Jahr, als Jakob plötzlich spurlos verschwunden war. Sein Bruder hatte ihn zuletzt auf der Treppe zum ersten Stock gesehen.

Ich suchte und rief, ich kletterte auf den Dachboden und die Tenne. Nirgendwo auch nur eine Spur von Jakob.

Die Kinder aus dem Dorf wurden ausgeschickt, den Jakob suchen. Karin und ich waren unterwegs und schließlich alle Nachbarn. Wir suchten im Dorf und ringsherum, bis zum Wald, bis zum See.

Ich zwang mich, Angst und Verzweiflung nicht zu verraten. Wir kehrten zum Hof zurück, in der Hoffnung, daß Jakob sich gefunden hätte.

Aber da saß nur Benedikt am großen Küchentisch und malte.

»Beni, du hast den Jakob doch zuletzt gesehen! Denk' einmal genau nach! Wo war das?«

»Na, auf der Treppe halt!«

»Aber droben ist er nicht! Er ist überhaupt nirgendwo im Haus!«

Ich wußte, es war zwecklos. Trotzdem ging ich noch einmal hinauf. Öffnete die Tür zum Kinderzimmer. Es war so leer wie zuvor. Ich ging zum Fenster, und als ich an Jakobs Bett vorbeikam, hob ich die Decke hoch, ohne mir was zu denken.

Jakob lag zusammengerollt am Fußende und schlief.

»Karin!« schrie ich.

Er gähnte, reckte sich, wurde langsam wach und grinste mich mit spaltbreit geöffneten Augen an. Karin stürzte die Treppe herauf. Als sie unseren Jungen sah, lösten sich die Angst und die Anspannung in einem Schluchzen; sie flog am ganzen Körper.

»Wie bist du nur auf die Idee gekommen, dich hier zu verstecken?«

»Wieso denn verstecken?« Er war die schiere Verständnislosigkeit und gähnte herzhaft. »Müd bin ich gewesen. Aber jetzt nicht mehr!«

Und war schon aus dem Bett und aus dem Zimmer und polterte die Treppe hinab.

Wenn wir zu Hause sind, vergeht kein Tag ohne Besuch. Am liebsten sind uns die unkomplizierten Gäste, die nicht lange auf eine Einladung warten und denen wir offen sagen dürfen, wenn es uns zuviel wird und wir unsere königlich-bayrische Ruh' haben wollen.

Es kommt nicht oft vor, daß wir uns allein zu Tisch setzen. Neben den Rezepten, die ich aus aller Welt mitbringe, probiert Karin auch immer wieder eigene Schöpfungen aus. Einige sind inzwischen so beliebt, daß es einfacher ist, sie drucken zu lassen, als sie ständig für Liebhaber aufzuschreiben:

Karins Fischsuppe

Zutaten: 4 Scheiben Fischfilet (Seelachs, Dorsch, Rot- oder Goldbarsch), 2 große Gemüsezwiebeln, 1 ganze Dose geschälte Tomaten, 2 Knoblauchzehen, ½ Zitrone, 1 Würfel Gemüsebrühe aus dem Reformhaus, ⅛ l süße Sahne, 1 Tasse trockener Weißwein, 100 g Butter, Öl, Pfeffer, Salz, scharfer Paprika, Currypulver, frischer Dill.

Die Zwiebeln schälen, vierteln und in Streifen schneiden. In einem Butter-Öl-Gemisch glasig dünsten. 1 Scheibe Filet hinzugeben und so lange dünsten bis es ganz zerfallen ist. Die (geschälten) Tomaten im eigenen Saft zerdrücken und mit dem gepreßten Knoblauch dazugeben. Brühwürfel, Weißwein und 1 Tasse Wasser zusetzen und zugedeckt 10 Minuten leicht kochen lassen. In der Zwischenzeit die restlichen Filetscheiben von beiden Seiten salzen, mit Zitronensaft beträufeln und in mundgerechte Stücke schneiden. Die Suppe mit Salz, Pfeffer, Paprika und Curry abschmecken. Die Fischstücke und 1 El Butter in die kochende Suppe geben. 5 Minuten ziehen lassen. Die Sahne cremig schlagen, mit Dill mischen und unterziehen. Danach darf die Suppe nicht mehr aufkochen.

Karins Kartoffelpuffer

Zutaten: 4 sehr große Kartoffeln, 4 Eier, ½ Pfund Magerquark, 2 El Leinsamenkörner, 3 El Sesam, Semmelbrösel, Salz, Butterschmalz zum Ausbacken.

Die Kartoffeln schälen und grob reiben. Mit allen Zutaten gut vermischen. Zum Schluß soviel Semmelbrösel hinzufügen, daß der Teig cremig weich bleibt. In einer nichtklebenden Pfanne Butterschmalz erhitzen und die Kartoffelpuffer goldgelb ausbacken. Dazu gibt es Apfelkompott – oder auch Sauerkraut.

Karins Topfennockerln

Zutaten: 500 g Magerquark, 4 Eier, 8 El Mehl, 1 Prise Salz, 125 g Butter, Zimtzucker, Kompott aus Birnen oder anderen Früchten.

Den Magerquark in einem Tuch leicht ausdrücken. Eier, Mehl und Salz dazugeben. Gut durchrühren. Die Masse eßlöffelweise abstechen und in kochendes Salzwasser geben. Darauf achten, daß kein Wasser vom Löffel in den Teig kommt! Aufkochen lassen, bei schwacher Hitze zugedeckt 2 bis 3 Minuten ziehen lassen. Butter in der Pfanne zerlassen. Die gut abgetropften Nockerln hineingeben, mit Zimtzucker bestreuen und sofort – mit dem kalten Kompott – servieren.

Grimmige Kälte und deftige Gerichte

Als wir im Mai 1976 nach Finnland flogen, war es dort irrsinnig kalt, die Flüsse hatten mehr als einen Meter Eis – und die Leute von Rovaniemi feierten ihr Frühlingsfest.

Rovaniemi liegt exakt auf dem nördlichen Polarkreis.

Ich weiß nicht, was ich erwartet hatte. Bestimmt keine so grimmige Kälte. Sie lähmte allmählich jeden Tatendrang. Ich hatte keine Lust, mir das Land anzusehen, ich wollte nur die Arbeit hinter mich bringen und so rasch wie möglich verschwinden.

Winter hatten wir nämlich in Oberbayern mehr als genug gehabt. Bis zum nächstenmal kein Bedarf!

Es war wieder eine große Hollywood-Produktion. Unter der Regie von John Sturges spielten Michael Caine, Donald Sutherland, Robert Duvall.

Na, und ich eben. »The Eagle Has Landed« – »Der Adler ist gelandet« hieß der Film.

Heute tut's mir leid, daß ich die Gelegenheit nicht genutzt habe, mehr von der nordischen Landschaft zu sehen. Aber in jener Nacht, als das Frühlingsfest seinen Höhepunkt erreichte, gab's für mich wirklich nur einen Platz, an dem ich mich wohlfühlte.

Die Einheimischen kamen für ein paar Minuten, verschwanden wieder und kehrten nach einer Weile blaugefroren und bester Stimmung zurück.

Ich zog's vor, stundenlang auszuharren – in der Sauna. Man sollte nicht glauben, wie leicht Hitze sich ertragen läßt, wenn man weiß, daß es draußen bitterkalt ist ...

Das Essen in Finnland war in erster Linie deftig. Kein Wunder: In der Kälte verbrennt der Körper viel mehr Kalorien. Einige der Gerichte haben sich auch in gemäßigten Breiten als sehr eßbar erwiesen.

Finnischer Eintopf

Zutaten: je 500 g Rinderschmorbraten, Lammschulter, Kalbsschulter und Schweinenacken, 100 g geräucherter Speck, 250 g kleine Zwiebeln, 500 g Kartoffeln, 250 g Möhren, 100 g Sellerie, 200 g Lauch, ¼ l süße Sahne, Pfeffer aus der Mühle, Salz.

Das Fleisch wie zu Gulasch schneiden, den Speck in sehr kleine Würfel. Speck in einem großen Bräter auslassen und das Speckfett stark erhitzen. Das Fleisch darin portionsweise scharf anbraten. Danach alles Fleisch in den Bräter geben. Zwiebeln vierteln und mitbraten. Geschälte Kartoffeln waschen, eventuell in Stücke schneiden und naß hinzugeben. Salzen und bei geringer Hitze schmoren lassen. Möhren und Sellerie kleinschneiden und in den Bräter geben. Danach den Lauch in feine Ringe schneiden, die Petersilie grob hacken und beides mit Fleisch und Gemüse vermischen. Die Sahne darübergießen und die Oberfläche mit Pfeffer bestreuen. Im vorgeheizten Rohr bei 200 Grad etwa 75 Minuten im geschlossenen Topf garen. Vor dem Servieren mit Salz und Pfeffer abschmecken.

Schinken mit Senf-Sirup-Kruste

Zutaten: 1½ kg gepökelter und schwach geräucherter Schinken, 1 Lorbeerblatt, 2 bis 3 Wacholderbeeren, ¼ Tl gemahlene Nelken, 2 El nicht zu scharfer Senf, 3 El Semmelbrösel, 4 El Zuckerrübensirup.

Sollte der Schinken zu stark geräuchert sein, legt man ihn 24 Stunden in Wasser und reibt ihn anschließend trocken. Die festen Gewürze im Mörser zerstampfen und den Schinken damit einreiben. Mit der Schwartenseite nach unten in die Fettauffangschale legen und im auf 150 Grad vorgewärmten Rohr garen. Pro Pfund rechnet man etwa 1 Stunde. Hin und wieder ein wenig Wasser angießen. Nach dem Garen die Schwarte abschneiden. Aus Senf, Sirup und Semmelbröseln eine Paste rühren und gleichmäßig über den Schinken verteilen. Bei 220 Grad in 20 Minuten überbacken. Die passende Beilage ist der

Möhrenauflauf

Zutaten: 1 kg Möhren, 150 g Reis, ⅕ l Milch, 3 El Crème fraîche, 2 El Zuckerrübensirup, 2 Eier, ¼ Tl gemahlener Piment, Pfeffer aus der Mühle, Salz, Butter.

Geputze Möhren in dicke Scheiben schneiden und in wenig Salzwasser weichkochen. Abgießen und in ⅕ l der Möhrenbrühe den Reis kochen, bis die Brühe aufgesogen ist. Milch zugeben und fertig garen. Möhren pürieren und mit dem Reis und den übrigen Zutaten verrühren. Mit Salz, Pfeffer und Piment abschmecken. In eine gefettete Form füllen, Semmelbrösel darüberstreuen und mit Butterflöckchen besetzen. Ins kalte Rohr schieben und bei 180 Grad eine Stunde backen. Steht nur ein Rohr zur Verfügung, empfehlen sich statt des Auflaufs gedünstete Möhren als Beilage. Die in Stücke geschnittenen Möhren und einige kleine Zwiebeln ¾ Stunden vor dem Ende der Garzeit zum Schinken legen. Ab und zu wenden und nur leicht braun werden lassen.

England:
Der Adler ist gelandet

In Mapledurham bei Reading, westlich von London an der Themse gelegen, drehten wir den größten Teil der Außenaufnahmen zu »The Eagle Has Landed«, und es war ein gutes Beispiel dafür, wie zwei, drei Dutzend nach verbreiteter Meinung Verrückter ein ganzes Dorf total umkrempeln können.

Höhepunkt der Handlung, soweit sie dort spielte, war ein Anschlag deutscher Fallschirmjäger. Sie wollten Churchill kidnappen, doch das ging schief, und sie mußten in eine Kirche flüchten.

Beim Angriff der Briten erhält die Kirche zahllose Einschläge. Heiligenfiguren verlieren Arme und Beine, und zum Schluß fliegt die komplette Orgel in die Luft.

Bei allem Interesse an den verrückten Fremden hätten die Bewohner von Mapledurham kaum zugelassen, daß wir ihre schöne alte Kirche wirklich demolierten. Also mußte die ganze Kirche zum Zerstören nachgebaut werden. Originalgetreu. Und die Feuerwerker, hochbegabte Spezialisten, programmierten Stärke und Zeitpunkt jedes einzelnen Einschlags.

Die Kopie war wirklich bis in die kleinste Einzelheit perfekt. Ganz Mapledurham wanderte hin, betrachtete das Duplikat mit Staunen und tippte die Wände an: Pappmaché, Sperrholz und Kunststoff. Aber man sah das nicht, man konnte es nur fühlen und hören.

Wir brauchten nicht nur die Kirche, um sie in die Luft zu jagen. Mitten ins Dorf war ein Haus gebaut worden, von dem am Ende der Dreharbeiten nichts mehr stehen würde. Ebenso eine Mauer, die sich optisch in nichts von all den anderen Mauern unterschied, die kreuz und quer durch die Landschaft liefen und Felder und Weiden voneinander trennten.

Ich frage mich, ob ein Dorf wie Mapledurham je wieder ganz das wird, was es vor einer solchen Invasion war. Und ob die Verantwortlichen bereitwillig zustimmen würden, wüßten sie Bescheid über alles, was da auf sie zukommt.

Aber auch unter Filmorten, -dörfern, -städten gibt es Profis, sozusagen. Zum Beispiel das Schloß von Lord Armstrong in Northumberland, in dem und in dessen Umgebung schon zahlreiche historische oder historisierende Filme gedreht wurden: »Macbeth,« »Henry VIII.«, um nur zwei zu nennen, die mir gerade einfallen.

Schloß und Landschaft haben ungeheuer viel Atmosphäre. Es gibt steile Klippen, Felsen, weiten Strand. Eine Landschaft und ein Schloß: Wie für den Film gebaut.

Aber echt.

Ich habe dort eine Serie gedreht, die in England »Barriers« heißt und in Deutschland unter dem Titel »Billy« zu sehen sein wird. Ich kam einmal zwei, drei Tage zu früh hin und fand das benachbarte Dorf völlig verschlafen vor. Man konnte sich einfach nicht vorstellen, daß es hier von Zeit zu Zeit zuging wie an Piccadilly Circus.

Wenig später war das der Fall, und alle die Einheimischen, die eben noch so bedächtig vor sich hin gelebt hatten, fanden es ganz selbstverständlich und übernahmen ihre Rolle in dem Spektakel: Als Wirte, Kaufleute, Fahrer oder auch als Statisten.

In Northumberland lernte ich, daß die Küche in der englischen Provinz nicht immer eintönig und schlecht ist wie ihr Ruf. Es muß, zum Beispiel, beim Frühstück nicht immer Orangen-Jam sein:

Lemon-Cheese

Zutaten: 2 Eier, 2 Zitronen, 220 g Zucker, 140 g Butter.

Die Zitronen so dünn wie möglich schälen und den Saft auspressen. Die Schalen in kleine, dünne Streifen schneiden. Saft, Schalen, Zucker und Butter in einen Topf geben, Butter und Zucker langsam schmelzen lassen. Eier schaumig schlagen und das heiße Zitronengemisch unterrühren. Durch ein Sieb zurück in den Topf gießen und bei ganz geringer Hitze langsam, unter ständigem Rühren, dick und cremig kochen. Ein hierzulande weithin unbekannter Brotaufstrich, der in Marmeladengläser gefüllt und kühl aufbewahrt wird.

Porterhouse-Steak

Zutaten: 1 Porterhouse-Steak von etwa 1½ kg 1 El Öl, Salz, Pfeffer.

Es gibt bei uns immer noch Metzger, die nicht wissen, was gemeint ist, wenn man ein Porterhouse-Steak verlangt. Also: Es handelt sich um ein Rippenstück samt Filet. Seinen Namen hat es vom Porterhouse, der auf das dunkle, süffige Bier spezialisierten englischen Gaststätte, wo hungrige Männer ein solches Trumm früher allein verdrückten. Das Steak mit Öl einreiben und über Nacht zugedeckt stehen lassen. Den Fettrand einschneiden. Backofengrill vorheizen. Das Steak etwa 15 cm unter der Heizspirale einschieben. Von jeder Seite zwischen 10 und 20 Minuten grillen – je nachdem, ob es blutig, medium oder durchgebraten gewünscht wird. Das Steak salzen und pfeffern und noch 5 Minuten im Herd warmstellen, damit der Fleischsaft sich beruhigt. Zum Porterhouse-Steak passen Bratkartoffeln und Salat oder Gemüse. Und ein schönes, süffiges Porter (das mittlerweile auch bei uns zu haben ist).

Apple-Pie

Zutaten: 250 g Mehl, 1 Prise Salz, 125 g Butter, 2 El Wasser, 1 kg Apfelschnitze, 1 Prise Zimt, 1 El Butter, 125 g Zucker.

Aus Mehl, Salz, Butter und Wasser einen Teig bereiten und so lange kneten, bis er nicht mehr klebt. In 2 Hälften teilen. Eine Hälfte etwas größer als die Pie-Form (eine Springform tut es auch) ausrollen und die Form damit auslegen. Die Äpfel einfüllen, mit Zucker und Zimt bestreuen und mit Butterflöckchen belegen. Die zweite Teigplatte aufsetzen und den Rand festdrücken. Den Teigdeckel mit einem spitzen Messer in der Mitte kreuzweise einschneiden, damit der Dampf entweichen kann. Die Pastete wird bei 200 Grad etwa 1 Stunde gebacken. Warm servieren mit Vanillesauce.

Südafrika und die große Sehnsucht

Als ich 1977 das zweite Mal nach Südafrika kam und dort einen Film mit dem englischen Titel »One Take Two« drehte, erinnerte ich mich an einen Klassenkameraden, der während des Krieges immer wieder begeistert von seinem Geburtsland erzählt hatte: Südwestafrika.

Die ehemalige deutsche Kolonie war für ihn der Inbegriff der großen Freiheit.

Nur zu verständlich in einer Zeit, da in Deutschland – auch für uns Kinder erkennbar – die letzten Freiheitsreste zum Teufel gingen.

Helmut Koetzle sei nach Afrika zurückgekehrt, hatte mir jemand erzählt. Ich sah mich um und fand den Jugendfreund in der Nähe von Windhuk. Er hatte eine Mercedes-Werkstatt, und es schien ihm wirtschaftlich glänzend zu gehen.

Wir feierten das Wiedersehen ausgiebig. Helmut lud mich in sein herrliches Haus ein.

»Du hast es geschafft«, sagte ich.

»Ja.« Er grinste dünn.

»Hast deinen Jugendtraum wahrgemacht.«

»So ist es.« Er nickte. »Doch, es geht mir wirklich gut. Ich habe alles, was ein Mann sich wünschen kann. – Ehrlich, Sigi, ich hätte nie gedacht, daß es mir je im Leben so gut gehen würde! Aber ich hab's geschafft.« Er sah mich ernst an: »Ich hab' geschuftet, Sigi. Es gab keinen Feierabend, kein Wochenende. Nicht, bevor ich meine Ziel erreicht hatte: Die Garage, das Haus ...«

Er stieß plötzlich einen tiefen Seufzer aus. Nach zwei oder drei Minuten fragte er:

»Weißt du, wonach ich mich sehne?«

»Na?«

»Einmal wieder einen deutschen Frühling erleben! Einmal wieder nach Bayern kommen!«

Und dann brach's aus ihm heraus, alles, was sich vermutlich in langen Jahren aufgestaut hatte:

»Schau dich doch um! Alles braun! Alles vertrocknet! Sand, wo du hinschaust! Sand, wo du hinfaßt! Er knirscht zwischen den Zähnen, wenn du grillst, er begleitet dich vom Aufstehen bis zum Schlafengehen, und zwischen den Bettlaken wieder Sand, Sand, Sand!«

So ging's eine ganze Weile weiter.

»Von deinem Jugendtraum ist einiges abgebröckelt, Helmut.«

»Abgebröckelt?« Er lachte bitter: »Er ist längst hin, der Jugendtraum!«

Zweifellos eine depressive Phase. Am nächsten Morgen ging's ihm schon wesentlich besser. Er machte sich lustig über seine Klagen vom Vorabend.

Ich war noch nicht lange aus Afrika zurück, da hielt ein Mercedes vor dem Hof. Helmut Koetzle stieg aus und kam lachend auf mich zu:

»Ich hab's getan, Sigi!«

»Was?«

»Ich hab' alles verkauft und bin zurückgekommen. Für immer!«

Ich weiß nicht, ob er jetzt glücklicher ist.

Jugendträume sind nicht sehr strapazierfähig. Aber sie gehören zum Erwachsenwerden wie Schule, Zahnschmerzen und erste Liebe.

Von den Rezepten, die ich von der zweiten Reise in den Süden Afrikas mitbrachte, habe ich zwei ausgewählt, die ebenso einfach zu verwirklichen wie wohlschmeckend sind:

Lamm-Kasserolle

Zutaten: 600 g Lammkoteletts, 1 bis 2 El Mehl, mit Salz und Pfeffer vermischt, 2 El Öl, 2 Zwiebeln, 2 Karotten, 1 Staude Stangensellerie oder 1 dicke Scheibe von einer Sellerieknolle, 1 Apfel, ½ l Fleischbrühe.

Das Fleisch in Mehl wenden und abklopfen. In Öl leicht anbraten. Die geputzten Gemüse in kleine Stücke schneiden. Zum Fleisch geben und etwa 5 Minuten braten. Mit Fleischbrühe auffüllen, aufkochen lassen und bei kleiner Hitze garen. Mit Kartoffeln servieren.

Gefülltes Roastbeef

Zutaten: 4 einen cm dicke Scheiben Roastbeef, ¼ Pfund Hackfleisch, Salz, Pfeffer, 4 Chicorée, 3 El Fett, Suppengrün, 1 El mehl, 2 Tomaten, 3 El Rotwein, 3 El Brühe.

Das Hackfleisch würzen und auf den ebenfalls mit Salz und Pfeffer gewürzten Roastbeefscheiben verteilen. Den bitteren Strunk aus dem Chicorée schneiden und die Kolben auf die Fleischscheiben legen. Aufrollen und mit Rouladenklammern oder -nadeln zusammenhalten. In heißem Fett anbraten, ebenso das Suppengrün. Das Fleisch mit Mehl bestäuben. Gewürfelte Tomaten, Wein und Brühe zugeben. Aufkochen und zugedeckt im Rohr bei 180 Grad garschmoren lassen. Wenn notwendig, zwischendurch noch etwas Flüssigkeit nachgießen. Die Sauce durchsieben und über die »Fleischvögel« gießen. Röstkartoffeln, Kartoffelpüree oder Brot sind passende Beilagen.

In den Grachten von Amsterdam

Vor einigen Jahren ging eine aufsehenerregende Geschichte durch die Presse: Im Mittelmeer war ein Schiff mit einer Ladung Uran verschwunden. Die mysteriöse Affäre ist bis heute ungeklärt.

Menachem Golan, ein israelischer Regisseur, benutzte sie als Vorlage für den Film »Around The Uranium Conspiracy«. Die ersten Außenaufnahmen drehten wir in den Grachten von Amsterdam.

Ich freute mich auf die Arbeit mit Golan; er hatte schon mehrere interessante Streifen gedreht, unter anderem den israelischen Entebbe-Film.

Allerdings war ich auch gewarnt worden:

»Golan ist ein Fanatiker! Der verlangt alles von seinen Schauspielern und nimmt keine Rücksicht.«

»Na ja«, hatte ich erwidert, »gegen Ende werde ich eben aufpassen, daß er mich nicht verheizt. Solange er mich braucht...«

Gleich zu Beginn stand eine Motorbootjagd auf dem Drehplan. Zwei Speedboote lagen bereit, die leicht ihre 100 Stundenkilometer machten. Das erste wurde von einem holländischen Stuntman gesteuert. Er machte sich mit dem Boot vertraut. Wir sahen staunend zu.

Der Bursche konnte einfach alles! Sprünge, Saltos, halsbrecherische Kurven: Bei dem sah das spielerisch leicht aus.

Ich saß im zweiten Boot und hatte das erste zu verfolgen. Ich fuhr nicht selbst, sondern hockte ganz vorne auf der Verkleidung des Gleitbootes, mit keinem anderen Halt als einer winzigen Hilfsreling.

Mein Fahrer war auch kein Anfänger. Ganz und gar nicht. Vielmehr ein versierter Mann, der sich mit dem Boot auskannte.

Nur die Filmarbeit war neu für ihn.

»Wenn wir drehen«, sagte Golan zu ihm, »verfolgst du das erste Boot und kümmerst dich um sonst nichts. Du bleibst einfach immer dran, kapiert? Was auch passiert, der Abstand darf nicht größer als maximal 100 Meter werden!«

Ich wartete, bis der Regisseur außer Hörweite war:

»Jan, vergiß alles, was Golan erzählt hat. Zuerst machen wir sowieso nur 'ne Probe. Es spielt überhaupt keine Rolle, ob du den da vorne verlierst oder nicht.«

»Hör mal, ich brauch' diesen Job! Ich will nicht, daß Golan mich wegschickt.«

»Und ich will mir nicht den Hals brechen.«

»Wird schon schiefgehen.«

»Ich will dich nicht verunsichern. Aber wir werden diese Verfolgungsjagd sowieso ein halbes dutzendmal drehen, bis alle Einstellungen im Kasten sind. Vielleicht auch doppelt so oft. Golan wird am lautesten schreien, wenn irgendeiner zuviel riskiert und einen Unfall baut, der dann die ganze Produktion schmeißt. – Kapiert?«

»Kapiert«, sagte Jan.

Ich war nicht so sicher. Eigentlich hätte ich lieber einen der italienischen Stuntmen gehabt, die Golan ebenfalls für »Around The Uranium Conspiracy« verpflichtet hatte. Denn das waren Profis, die ein Risiko abzuschätzen wußten.

Es gab noch eine Verzögerung. Ich stieg aus und ging zu Golan hinüber, der mit einigen Polizisten diskutierte.

»Wir können den Verkehr nicht für euch stoppen«, erklärte einer kopfschüttelnd. »Ausgeschlossen«.

»Aber es wird gefährlich werden, wenn unsere Boote mit 80 Stundenkilometern zwischen all den Touristenbooten durchzischen!« sagte Golan.

»Deshalb kriegt ihr ja auch keine offizielle Genehmigung«, grinste der Polizist. »Alles, was wir für euch tun können: die Augen zudrücken und uns 'raushalten.«

»Niemand darf hier schneller als 15 fahren«, fügte sein Kollege hinzu. »Ihr seht, was hier los ist. Da drüben liegt ein Hausboot neben dem anderen, und die Leute wollen ihre Ruhe haben.«

Golan war sauer. Er ließ die Polizisten stehen. Ich ging zum Boot zurück. Meine Bedenken waren nicht kleiner geworden. Wie sah die juristische Situation aus, wenn wir einen Unfall bauten, bei dem Unbeteiligte zu

Schaden kamen? Wer haftete? – Holländische Gefängnisse sind, nach allem, was man hört, vergleichsweise human. Trotzdem spürte ich keine Lust, eins kennenzulernen.

»Also los!« dröhnte Golan per Flüstertüte. »Die Boote fahren mit vollem Speed zur Brücke und drunter durch, Abstand so knapp wie möglich! Hinter der Brücke die Wendung, ebenfalls so knapp wie möglich! Linkswende, vergeßt das nicht! Die zweite Kamera steht links!«

Mein Fahrer gab ein Handzeichen, daß er verstanden hatte.

Die Motoren heulten auf. Hochdrehende Bootsmotoren, deren Lärm bei vollen Touren regelrecht in die Ohren schnitt und körperlichen Schmerz erzeugte.

Wir schossen über die Gracht, der Bug hob sich aus dem Wasser, und mich durchlief's, ich wartete mit angehaltenem Atem darauf, daß wir ganz abhoben und irgendwo im weißlichblauen Himmel über Amsterdam verschwanden...

Jan war relativ vernünftig. Er hielt den notwendigen Sicherheitsabstand zum ersten Boot. Trotzdem schloß ich unwillkürlich die Augen, als wir auf die Brückendurchfahrt zurasten.

Die Öffnung war so eng, so verflixt eng!

Unter der Brücke dachte ich, es zerreißt mir die Trommelfelle. Die gemauerten Stützpfeiler warfen den Motorenlärm mindestens verdoppelt zurück.

Jan machte eine gefährlich kurze Wende. Ich umklammerte die Hilfsreling mit beiden Händen, und es riß mir fast die Armgelenke aus den Pfannen.

»Das war schon ganz gut!« schrie Golan durchs Megaphon, als wir zurückkamen.

Jan atmete schnaubend durch die Nase.

»Aber wir fahren keinen Korso! Beim nächsten Durchgang ist das zweite Boot schneller, okay?«

»Da hast du's«, grummelte mein Fahrer.

Beim nächsten Durchgang flogen plötzlich Steine. Einer schrammte an meiner Hand vorbei. Jan nahm instinktiv das Gas weg, und der Bug senkte sich ins Wasser.

Auf der Brücke stand ein Mann im Pyjama und drohte wild mit den Fäusten. Wir verstanden nicht, was er schrie. Er drehte sich um und ging zu seinem Hausboot zurück.

»Aus!« schrie Golan. »Alles zurück auf die Ausgangspositionen!«

Jan war leichenblaß und zitterte.

»Das sind alles Freaks!«

»Wer?«

»Die Leute von den Hausbooten. – Der hätte glatt einen von uns treffen können!«

Über die Brücke bummelten zwei uniformierte Polizisten. Sie hatten offenbar nichts gesehen ...

Golan wußte, weshalb wir plötzlich gestoppt und das andere Boot nicht unter der Brücke hindurch verfolgt hatten.

»Wir machen eine Pause.«

Ich sah mich nach den Italienern um und fand einen in der Kneipe an der Ecke.

»Warum fährst du das Boot nicht? Oder dein Kumpel?«

Er zuckte die Achseln.

»Du hast doch gesehen, der Holländer hat keine Erfahrung. Als die Steine flogen, hätte er das Boot um ein Haar gegen den Brückenpfeiler gesetzt.«

»Ich hab ihn nicht ausgesucht, amico.«

»Das ist keine Antwort auf meine Frage. – Ich werd zu Golan gehen und ihn bitten, daß er dich ins Boot setzt.«

»Kannst du dir sparen. Mein Kollege und ich haben schon abgelehnt. Wir wußten, was passieren würde. Wir haben das schon einmal erlebt.« Er schüttelte den Kopf: »Nein, nein, viel zu gefährlich! Hier laufen zu viele Irre frei 'rum!«

Es blieb bei Jan. Er war ein netter Kerl, und ich gönnte ihm den Job. Aber er war nicht der Typ, bei dem ich mich sicher fühlen konnte.

Als wir die Arbeit fortsetzten, standen 15, 20 Männer an Deck der Hausboote und auf der Brücke. Sie beschimpften uns und spuckten.

Golan hatte sich entschlossen, die Kameras anders zu placieren. Ohne den Eindruck von hoher Geschwindigkeit zu beeinträchtigen, konnten die Boote etwas langsamer fahren.

Eine Konzession an die Bewohner der Hausboote.

Wir probten die Szene erneut. Als wir auf die Brücke zufuhren, stand da einer, richtete ein Gewehr auf mich und schrie: »Wenn ihr hier noch einmal vorbeikommt, erschieß ich dich!«

»He, erzähl das dem Regisseur oder dem Produzenten! Ich bin nur ein Schauspieler!«

»Ist mir egal, wer du bist! Du weißt Bescheid!«

Jan schimpfte in einem Dialekt, den ich nicht verstand. Er ließ das Boot unter der Brücke durchgleiten, wendete und fuhr zurück.

Der Mann mit dem Gewehr war verschwunden.

»Die Polizei kümmert sich darum«, sagte Golan.

Wir wiederholten die Probe.

Der Mann mit dem Gewehr stand auf der Brücke und schoß und lief davon.

Die Kugel pfiff über meinen und Jans Kopf weg. Im selben Bruchteil einer Sekunde gab's einen wüsten Crash. Der Stuntman auf dem vorausfahrenden Boot hatte sich umgedreht und war gegen einen der Brückenpfeiler gerast.

Wir zogen ihn aus dem Wasser. Er hatte einen Schock, ein blaues Auge, ein paar Hautabschürfungen – und verdammtes Glück gehabt.

Die Polizei suchte nach dem Mann mit dem Gewehr. Angeblich suchte sie alle Hausboote ab. Fand aber nichts.

»Sag ich doch! Lauter Freaks! Und die meisten sind ständig high.« Jan hatte den Spaß an seinem Job endgültig verloren.

Aber er brauchte ihn immer noch.

»Ihr solltet Schluß machen«, riet einer der Polizisten. »Sonst passiert wirklich noch ein Unglück.«

Golan hörte gar nicht hin. Als das Ersatzboot zur Stelle war und er einen der Italiener überredet hatte, sich hineinzusetzen, gab er seine Anweisungen und marschierte zur Brücke. Er stand dicht am Wasser und schoß Blicke ab wie ein biblischer Racheengel.

Diesmal kriegten wir die Szene in den Kasten. Und Golan bekam – von der Brücke aus – eine wassergefüllte Büchse mitten ins Gesicht.

Er tat mir leid, aber gleichzeitig war ich erleichtert. Jan sprach aus, was ich dachte:

»Jetzt wird er endlich begreifen, daß es nicht geht. Wir können das hier nicht drehen!«

Doch Golan ließ sich ein paar Pflaster auf seine Wunden pappen und schrie schon seine nächsten Anweisungen.

Ein Fanatiker!

Nach diesem Auftakt war's ein Wunder, daß wir tatsächlich alle Szenen in den Kasten bekamen, und das sogar in der vorgesehenen Zeit. Wir sehnten den letzten Drehtag herbei.

Nervosität steckt an. Ich mußte mir am Morgen des letzten Drehtags eine heftige Auseinandersetzung anhören, die irgendein Assistent angezettelt hatte und in die im Nu das halbe Team verwickelt war.

Dann war Jan verschwunden.

Jetzt tobte auch Golan, und als er mich dumm anredete, drehte ich mich um und ging weg.

»Sigi, wo willst du hin?«

»Ich mag nicht mehr. Ich hab's satt.«

»Sigi, nur noch die eine Szene! Die allerletzte!«

Der kann ja richtig flehen, dachte ich.

»Daß ich noch heile Knochen hab', ist ein Wunder. Ich will, daß es so bleibt.«

»Sigi, du kannst mich nicht hängen lassen! Du bist doch kein Feigling, wie? – Ach, Scheiße, ich weiß, daß du kein Feigling bist! Was ist überhaupt passiert? Nichts! Nichts ist passiert! Wir haben ein paarmal Angst gehabt, aber passiert ist nichts!«

Wenn man's so sah ... Eigentlich hatte er recht.

Die Auseinandersetzung war beendet. Jan fand sich wieder ein. Golan erklärte uns seine Vorstellungen. Die Situation war der vom ersten Drehtag sehr ähnlich. Wieder verfolgten wir ein anderes Boot. Wieder ging die Jagd auf eine Brücke zu und drunter durch. Nur daß es eine andere Brücke war, in einer anderen Gracht. Und daß die Brücke nicht einen Bogen hatte, sondern drei: Einen großen in der Mitte, zwei kleine links und rechts.

»Alles klar?«

»Soweit schon. Sorg dafür daß niemand Steine schmeißt oder auf uns schießt.«

»Ach was! Hier sind die Leute friedlich.«

Jan hatte sich inzwischen einige Erfahrungen angeeignet. Er wollte es besonders gut machen und blieb dem vorausfahrenden Boot wirklich dicht auf dem Heck.

Ich robbte drehbuchgemäß nach vorne und ließ mich fallen. Der Bug des Gleitboots ragte steil aus dem Wasser.

Die Gracht machte hier einen Knick nach rechts, noch vor der Brücke. Das erste Boot setzte zu einer 90-Grad-Kurve an und schoß auf den mittleren Brückenbogen zu.

Ich wußte plötzlich, daß wir's nicht schaffen würden. Ich wußte es instinktiv, bevor ich den Grund kannte.

Jan war zu dicht aufgefahren und überdies nicht seitlich versetzt, wie er's hätte tun müssen. Wir gerieten auf die Heckwelle des Vordermanns. Unser Boot ließ sich nicht mehr steuern.

Jan hatte das wahrscheinlich schneller begriffen als ich. Er ließ dem Boot für ein, zwei Sekunden seinen Willen und versuchte dann, mit einem

irren Schlenker durch den kleineren linken Bogen zu kommen.
Vergeblich.

Das Boot stellte sich quer und krachte mit voller Wucht breitseits gegen die Brücke.

Ich muß einen verflixt cleveren Schutzengel gehabt haben, denn ich saß auf der richtigen Seite. Ich flog hart an der Ziegelmauer vorbei, Kopf voraus und die kleine Reling immer noch in beiden Händen. Daran hatte ich mich mit aller Kraft festgeklammert und sie aus der Verankerung gerissen, als der gewaltige Druck des Aufpralls mich vom Boot schleuderte.

Als ich japsend an die Oberfläche kam, sah ich Jan. Er saß dort, wo ich eben noch gelegen hatte – und hielt das Steuerrad in beiden Händen.

Er hatte einen Schock. Ich auch.

Von den Prellungen spürte ich vorläufig nichts. Auch die aufgerissenen Hände schmerzten noch nicht. Ich sagte immer wieder:

»Hätt' ich auf der anderen Seite gesessen, wär' ich jetzt tot.«

»Aber du lebst!« Auch Golan war ziemlich durcheinander, wie alle.

Ich machte mir mit einem ellenlangen Fluch Luft.

»Du lebst!« wiederholte er. »Du scheinst ganz in Ordnung zu sein.«

»Sonst könntest du deinen verdammten Film jetzt von vorn beginnen«, sagte ich wütend und hinkte davon.

Er blieb an meiner Seite.

»Weißt du«, sagte er, »in Israel haben wir ein Sprichwort: Das Leben ist kein Garten voller Rosen.«

Muß man es deshalb bei einer Verfolgungsjagd mit dem Motorboot herschenken?

Als ich Amsterdam verließ, kaufte ich mir in Schiphol im Tax-Free-Shop ein goldenes Cartier-Feuerzeug. Ich gebe gewöhnlich kein Geld für solche Luxusgegenstände aus. Aber zur Feier meiner Wiedergeburt schien's mir angebracht.

Die niederländische Küche ist deftig-kräftig, doch sie ist auch offen für alles, was die Bewohner der früheren Kolonien ins Land gebracht haben.

In Holland habe ich mir, wenn ein sehr langer, anstrengender Drehtag anstand und abzusehen war, daß keine Zeit für eine Mittagspause bleiben würde, morgens ein Brabanter Frühstück bestellt. Das hält den ganzen Tag vor. Es kommt auch zu Hause hin und wieder auf den Tisch. Am Wochenende zum Beispiel. Dann kann die Küche getrost kaltbleiben.

Zu einem zünftigen Brabanter Frühstück gehören: Verschiedene Brotsorten, Hörnchen, Korinthensemmeln, Honigkuchen, mehrere Sorten Konfitüre, Honig, Zuckerrübenkraut (Sirup), hartgekochte Eier, Hartwurst, eine Käse-Auswahl, viel Kaffee und/oder Tee.

Den klaren Schnaps zum Abschluß braucht man wirklich.

Frühlingsrollen

Zutaten: 125 g Mehl, ¼ l Wasser, Salz, 150 g Sojabohnenkeimlinge, 150 g kleingeschnittenes Weißkraut, 150 g gekochtes Hühnerfleisch, 10 g chinesische Trockenpilze (eingeweicht und feingehackt), 1 El Sojasauce, je 1 Prise Pfeffer und Zucker, Öl.

Für die Frühlingsrolle oder Loempia gibt es in Indonesien, in China und anderen asiatischen Ländern eine Fülle von im Detail verschiedenen Rezepten. Dies ist eines der feineren; man kann zur Füllung auch alle möglichen Reste verwenden. In den meisten Restaurants wird die Loempia leider vorwiegend mit Hackfleisch gefüllt. – Aus Mehl, Salz und Wasser einen dünnen Pfannkuchenteig bereiten (den man mit Eiern verfeinern kann). In wenig heißem Öl hauchdünne Pfannkuchen nur von einer Seite backen. Weißkraut in etwas Öl andünsten, Sojabohnenkeimlinge und Trockenpilze dazugeben und zum Schluß das kleingeschnittene Fleisch sowie die Gewürze. 2 El dieser Füllung auf jedem Pfannkuchen verteilen, den Rand mit Wasser befeuchten und wie ein Kuvert zusammenschlagen. In der Friteuse ausbacken oder auch in der Pfanne, mit sehr viel sehr heißem Öl. Abtropfen lassen und heiß auf den Tisch bringen. Zum Nachwürzen Sojasauce und ein nicht zu scharfes Sambal.

Slavinken

Zutaten: 2 altbackene Brotscheiben ohne Rinde, in wenig Milch eingeweicht, 500 g Schweinehack, ½ Tl Salz, schwarzer Pfeffer aus der Mühle, 1 Prise Muskat, ½ feingehackte Zwiebel, 8 große Scheiben Schinkenspeck, 2 El Butter, 4 El Milch.

Das ausgedrückte Brot mit dem Hackfleisch, Salz, Pfeffer, Muskat und Zwiebel mischen. Gut durchkneten und zu vier Rollen formen. Die Rollen in den Schinkenspeck wickeln und mit Rolladenklammern, -nadeln oder mit einem Baumwollfaden verschließen. Bei mittlerer Hitze rundum etwa acht Minuten braten. Warmstellen. Das überschüssige Fett abgießen, den in der Pfanne verbliebenen Fond unter Rühren mit der Milch vermengen. Die Sauce extra servieren. Beilagen: Püree und Salat.

Hutspot

Zutaten: 800 g Rinderbrust, 300 g weiße Bohnen, 500 g Möhren, 1 kg Kartoffeln, 3 Zwiebeln, 100 g Butter, 1 Bund Petersilie, 1 Lorbeerblatt, Suppengrün, Salz.

Der echte Hutspot ist so etwas wie ein holländisches Nationalgericht, ein deftiger, nahrhafter Eintopf. Alle sogenannten Verfeinerungen sind eigentlich Verfälschungen. Deshalb hier das Originalrezept. Bohnen über Nacht einweichen und im Einweichwasser halbgar kochen. Fleisch mit Suppengrün und Lorbeerblatt in wenig gesalzenem Wasser ungefähr 2 Stunden kochen. Geputzte Möhren und geschälte Kartoffeln in kleine Würfel schneiden. Zusammen mit den kleingeschnittenen Zwiebeln, den Bohnen und dem Fleisch garen. Hin und wieder etwas von der Fleischbrühe nachgießen. Fleisch in Würfel schneiden, alles andere zerstampfen und nach dem Anrichten mit gebräunter Butter übergießen und mit gehackter Petersilie bestreuen. Ein Gericht, das nach einem kühlen Bier »schreit« (und hinterher nach einem Klaren – zum Verdauen).

Rotterdamer Waffeln

Zutaten: 375 g Mehl, ½ l Milch, 30 g Hefe, 150 g Butter, 6 Eier, abgeriebene Zitronenschale, 1 Prise Salz, 1 Tl Zucker, Öl zum Backen

Die Hefe in der lauwarmen Milch auflösen. Butter zerlaufen lassen. Mehl, Butter, Eier und Gewürze in eine Schüssel füllen und mit der Milch-Hefe-Mischung zu einem glatten Teig verrühren. An einem warmen Ort aufgehen lassen. Im heißen, mit Öl eingefetteten Waffeleisen backen und möglichst frisch mit Butter und Zucker servieren.

Einmal mit C.C. drehen

Immer hatte ich mir gewünscht, einen Film mit Claudia Cardinale zu machen. Es hatte sich nie ergeben.

1978 machte ich Urlaub auf Rhodos. Erholungsurlaub. Das Hotel lag unmittelbar neben einem wunderbaren Golfplatz. Dort spielte ich jeden Tag mit dem Gouverneur der Insel, dem Manager des Clubs und dem Pro. Manchmal war noch der Besitzer einer nahegelegenen Zigarettenfabrik mit von der Partie, der uns immer mit seinen Produkten überhäufte.

Zigaretten, so unrauchbar, daß sie sich nicht mal an die Einheimischen verschenken ließen.

Wir spielten unsere 18 oder 36 Löcher ums Essen. Und jede Mahlzeit war ein Fest!

Dem Landesbrauch entsprechend suchte ich die Küche auf und schaute mir an, was da in den großen Kupferpfannen, in Töpfen und auf dem Holzkohlenherd seiner Vollendung entgegenging. Das ist besser als jedes Speisekartenstudium. Auch im bescheidensten Restaurant gab es immer eine Vielzahl von Gerichten, was die Wahl schwer machte: Schwein, Hammel, Lamm, Geflügel, Meeresfrüchte, Fischsuppen, Dolmedas (das ist Fleisch mit Reis in Weinblättern), Moussaka, Pasticche (gebackene Nudeln mit Fleisch und Käse), eine ungeheure Auswahl an Meeresfischen: Tsipoura, Sinagrida, Lavraki, Sgoumbri und wie sie alle heißen...

Die Augen waren fast immer größer als der Magen.

Leider.

Mittags hielt ich mich fast immer an den Salat mit dem herrlichen weißen Schafskäse und den schwarzen Oliven. Manchem ist griechisches Olivenöl zu streng im Geschmack. Ich nahm es im Zehnliter-Kanister mit nach Deutschland, so versessen war ich darauf.

Ich hätte auch liebendgern einige Hektoliter Naussa mitgenommen, einen Weißwein, der besser war als alle Roten, die mir dort untergekommen sind. Aber mit den griechischen Weinen geht es einem wie mit manchen italienischen: Im Ursprungsland sind sie köstlich, zu Hause fragt man sich, was man je daran gefunden hat.

Einmal mit C. C. drehen

Der Traumurlaub wurde plötzlich durch einen Anruf unterbrochen. Ein Produzent, den ich nur flüchtig kannte: Er hätte gehört, ich sei auf Rhodos, er drehe gerade einen Film und brauche dringend einen deutschen Schauspieler.

Ich dankte ihm, weil er an mich gedacht hatte, lehnte aber ab.

»Es ist nur eine winzige Rolle. Eine einzige Szene nur! Wir schicken Ihnen morgen früh einen Wagen, und spätestens am Nachmittag sind Sie zurück!«

»Tja ... Was für eine Rolle ist das denn? Was für ein Film?«

»Ein Kriegsfilm.«

»Davon mag ich sowieso nichts mehr wissen.«

»Ich bitte Sie, Herr Rauch! Sie spielen einen deutschen Offizier, eine sehr sympathische Erscheinung! Tun Sie mir den Gefallen, ich werde es Ihnen nie vergessen!«

Ich suchte nach einer respektablen Ausrede. Meine Ruhe wollte ich, ohne allzu unhöflich zu erscheinen.

»Frau Cardinale würde sich gewiß sehr freuen, Sie kennenzulernen.«

»Wer?«

»C-C. Sie spielt die weibliche Hauptrolle.«

Wie gesagt, ich hatte mir immer gewünscht, mit Claudia Cardinale zu arbeiten ...

Sie entsprach recht genau der Vorstellung, die ich von ihr hatte. Die Enttäuschung war der Film.

Frau Cardinale spielte die Chefin eines Soldatenbordells. Ich einen Stammkunden.

Meine Rolle ...

Ach was, das kann man nicht »Rolle« nennen. Es war einfach eine Albernheit, ein Witz. Aber kein guter.

Ich kam herein, und Claudia Cardinale öffnete ihre Bluse.

Ich sagte:

»Thank you. I'm not interested today.«

Das war's. Ich habe nie herausgefunden, welche Bedeutung dieser Szene zugedacht war. Ich habe den Film nie gesehen und weiß nicht mal seinen Titel.

Dafür weiß ich ganz genau: *Das* war's nicht, wovon ich all die Jahre geträumt hatte.

Nachmittags spielte ich eine sehr befriedigende Runde Golf, und abends war der leise Frust bei einem guten griechischen Essen sehr bald vollständig verschwunden.

Gepfefferte Feigen zum Aperitif

Getrocknete Feigen ½ Stunde in lauwarmes Wasser legen, gut abtropfen lassen und feucht in gemahlenem weißem Pfeffer wenden.

Moussaka

Zutaten: 4 Auberginen, 1 kg Hackfleisch, 2 Zwiebeln, 3 El gehackte Petersilie, 2 Eier, ½ l Béchamelsauce, 7 El Semmelbrösel, 1 Glas trockener Weißwein, 1 große Knoblauchzehe, 2 Tomaten, Salz, Pfeffer, Olivenöl, Butter, 2 El Gouda.

Hackfleisch in 1 bis 2 El Butter mit den kleingeschnittenen Zwiebeln braun anbraten. Mit dem Wein ablöschen. Geschälte Tomaten, Petersilie, Salz und Pfeffer zugeben. Zugedeckt bei wenig Hitze 1 Stunde garen. Auberginen der Länge nach in Scheiben schneiden, salzen und nach einer halben Stunde vorsichtig ausdrücken. In reichlich Olivenöl hellbraun braten und auf Küchenkrepp legen, der das überschüssige Fett aufsaugt. Eine gefettete Auflaufform mit Semmelbröseln ausstreuen. Hackfleischmasse mit dem Eiweiß binden, eventuell ein wenig Semmelbrösel hinzugeben, falls noch zuviel Flüssigkeit vorhanden ist. Abwechselnd Auberginenscheiben und Hackfleisch in die Form füllen. Die oberste Schicht besteht aus Fleisch. Béchamelsauce mit dem Eigelb mischen und über den Auflauf gießen. Geriebenen Käse und Semmelbrösel darüberstreuen und im Rohr bei 225 Grad ½ Stunde überbacken. Die Oberfläche muß hellbraun werden. Helles Stangenbrot als Beilage.

Athener Schweinefleisch

Zutaten: 750 g Schweinekeule, 500 g Tomaten, ¼ l trockener Weißwein, 70 g Butter, Salz, Paprika.

Fleisch in Würfel schneiden. Butter in einer schweren Pfanne erhitzen und die Fleischwürfel nach und nach anbraten, danach in einen großen Topf geben und mit Salz und Paprika bestreuen. Den Bratensatz mit Paprika ablöschen und über das Fleisch gießen. Alles zum Kochen bringen und die kleingeschnittenen Tomaten zugeben. Im vorgeheizten Rohr bei 160 bis 180 Grad so lange schmoren, bis das Fleisch weich und die Sauce etwa auf die Hälfte reduziert ist. Dazu:

Griechischer Reis

Zutaten: 250 g Reis, 150 g frische (oder tiefgefrorene) Erbsen, 1 Schote Tomatenpaprika, 1 Bund Petersilie, Salz, Pfeffer, Olivenöl.

Reis gründlich waschen und in reichlich Salzwasser mit 1 El Öl garkochen (15 bis 20 Minuten). Paprika in Streifen schneiden, Petersilie hacken und zusammen mit den Erbsen in Öl dünsten. Wenig Wasser angießen. Mit dem Reis mischen, salzen und stark pfeffern. Der Reis schmeckt auch sehr gut zu Gegrilltem und Kurzgebratenem.

Orangen in Rum

Zutaten: 6 bis 8 Orangen, geriebene Schale einer Orange, 150 bis 200 g Zucker, Rum nach Geschmack.

Orangen sehr gründlich von der Schale befreien und in dünne Scheiben schneiden. In eine Schüssel schichten. Jede Schicht mit Rum begießen und mit Zucker und der geriebenen Orangenschale bestreuen. Mehrere Stunden im Kühlschrank durchziehen lassen.

Eine Schlange in Lee Marvins Schwimmbecken

Es war heiß in Arizona. Der Hollywood-Star, einer der ganz Großen, verließ sein Haus und setzte sich an den Pool, dessen Wasser kristallklar schimmerte.

Er hatte nicht vor, zu schwimmen. Der bequeme Stuhl am Wasser war sein Lieblingsplatz für den Whisky vor dem Abendessen.

Auf dem Tisch lag auch ein großer Umschlag mit Fotos von allen möglichen Schauspielern. Er sollte einen auswählen. Den Gegenspieler in seinem nächsten Film. Er blätterte einen Teil der Bilder durch und warf sie auf den Tisch zurück.

Seine Frau kam heraus, um ihm zu sagen, daß das Essen auf dem Tisch stand.

Er trank seinen Whisky aus, stand auf und legte seinen Arm um Pams Schulter.

Das Mädchen räumte später Glas und Flasche ab und nahm die Bilder mit ins Haus. Bis auf eins. Das hatte der Abendwind fortgeweht.

Am nächsten Morgen sprang der Star noch vor dem Frühstück ins Wasser, um, wie üblich, ein paar Bahnen zu schwimmen. Er tauchte und sah das Bild auf dem Grund des Pools.

Er nahm's mit hinauf, betrachtete es und sagte spontan:
»That's the Kraut!«
So kam ich zu der Rolle in Sam Fullers Film »The Big Red One«. Der große Mann ist Lee Marvin. Einer der wenigen wirklichen und unbestrittenen Stars. Er hat mir die Szene vorgespielt, später, als wir Freunde geworden waren und ich ihn auf seinem weitläufigen Besitz in der Nähe von Tucson besuchte, zusammen mit Karin, Benedikt und Jakob.

Die Marvins hatten uns eingeladen, als ich in Neuseeland drehte, und so nahmen wir den Rückweg über die USA.

Karin und die Kinder schwammen jeden Morgen in dem riesigen Pool.

Ich war noch gar nicht richtig wach und wußte im ersten Augenblick nicht: Hatte ich den Schrei geträumt, oder war er echt?

Da hörte ich Benedikts aufgeregte Stimme und Jakob, der seinen großen Bruder mühelos übertönte. Pamela sagte etwas, das ich nicht verstand, doch offenbar war sie ebenfalls in heller Aufregung.

Ich zog eine Badehose an und ging hinaus. Lee kam mir zuvor, und seine sonore Stimme brachte alle anderen erst einmal zum Verstummen.

»Also, was ist los?«

»Eine Schlange! Im Pool ist eine Schlange, und wenn Karin nicht so rasch reagiert hätte, wären die Kinder und sie jetzt vielleicht schon tot!«

Mich überlief's eiskalt. Karin war ziemlich blaß, aber Jakob und Benedikt hatten den Schreck längst überwunden und liefen am Rand des Beckens entlang, um die Schlange nicht aus den Augen zu verlieren.

»Sie kam plötzlich auf uns zu«, sagte Karin. »Du, ich war so furchtbar erschrocken... Ich hab mir die Kinder gegriffen und zum Rand gezerrt.« Tapfer fügte sie hinzu: »Wahrscheinlich war die Schlange viel zu weit weg, um uns was zu tun. Nur, unter Wasser kann man das so schlecht beurteilen.«

Lee fing die Schlange, und wir sperrten sie in einen Karton. Er griff sie mit der bloßen Hand, als sie sich am Beckenrand entlangschlängelte, und es wirkte so selbstverständlich, als wär's sein Beruf, Schlangen einzufangen.

Pamela hatte mittlerweile ein Bestimmungsbuch herbeigeholt. Die Schlange war auffallend schwarz, rot und gelblich geringelt und nicht schwer zu identifizieren. Eine Korallennatter. Ein wunderschönes, ungefähr 70 Zentimeter langes Tier. Hochgiftig.

»Bring sie um!« sagte Pam kategorisch. »Bring sie sofort um!«

Lee sah sie ruhig an und fragte:

»Die wievielte Giftschlange ist das, die ich heute hier gefangen habe?«

»Ich weiß nicht. Die erste, oder?«

Er nickte.

»Und seit wieviel Jahren leben wir hier?«

Pam begriff, worauf er hinauswollte und protestierte:

»Mir ist das ganz egal, wie oft oder wie selten sich eine Schlange bis ans

Haus verirrt. Eine ist schon zuviel. Denk doch an die Kinder! An Ben und Jake und an unsere Enkel! Du mußt die Schlange töten, Lee! Du mußt!«

Es ist nicht Lees Art, zu diskutieren, wenn er seine Entscheidung bereits getroffen hat. Er nahm den Karton mit der Schlange und ging hinaus. Dorthin, wo der riesige Besitz nur noch mit Buschwerk und Kakteen bewachsen ist, bevor er endgültig in die Ödnis der Wüste übergeht.

Und setzte die Schlange aus.

Bei den Marvins gab's eine einfache, aber sehr schmackhafte Küche:

Krabbensuppe Sonora

Zutaten: 150 g Krabbenfleisch, am besten von Tiefseekrabben, ½ Salatgurke, 1 Zwiebel, ½ l Fleischbrühe, 250 g Tomaten, Salz, Cayennepfeffer, 1 Bund Dill, 2 Scheiben Weißbrot, Öl.

Die geschälte Gurke in kleine Würfel schneiden. Die feingehackte Zwiebel andünsten, Gurkenwürfel zufügen und mitdünsten, bis sie glasig sind. Die Krabben im selben Topf heiß werden lassen, mit der Fleischbrühe ablöschen und kurz aufkochen. Die Tomaten abziehen und in kleine Stücke schneiden. In der Suppe heiß werden lassen. Mit dem fein gewiegten Dill und den anderen Gewürzen abschmecken. Das Brot würfeln und goldgelb rösten. Beim Servieren auf die Suppe geben.

Avocados mit Blue-Cheese-Dressing

Zutaten: 4 Avocados, 100 g Blue Cheese oder Roquefort, 4 El Mayonnaise, ¹/₁₀ bis ⅕ l süße Sahne, Zitronensaft.

Avocados schälen und entkernen, grob würfeln. Käse fein zerdrücken, Mayonnaise unterrühren und mit der Sahne zu einer cremigen Sauce verrühren, die nicht zu dick sein darf. Mit Zitronensaft und eventuell einer Spur Zucker abschmecken. Über die Avocados geben und eine Stunde ziehen lassen.

Wundervolle Steaks aus der Lende, dem Filet und dem Roastbeef-Stück, zart marmoriert und saftig, kamen jeden Tag auf den Tisch, und obwohl sie fast immer – schon wegen der Kalorien – einfach auf dem Holzkohlen- oder einem anderen Grill zubereitet wurden, war von Überdruß nichts zu spüren. Das lag an der Qualität des Fleischs, aber auch an den ständig wechselnden Beilagen. Hierzu zwei Rezepte:

Maiskolben

Zutaten: 4 Maiskolben (aus der Dose), 100 g Butter oder Knoblauch-Kräuter-Butter, Pfeffer aus der Mühle.

Maiskolben in Salzwasser erhitzen, gut abtropfen und die Butter auf den heißen Kolben zerlaufen lassen. Mit Pfeffer würzen.

Grüner Salat mit Champignons

Zutaten: 1 Kopf Salat, 250 g frische Champignons, Essig, Öl, Salz, Pfeffer.

Den Salat zerteilen, die Champignons, wenn nötig, häuten und in dünne Scheiben schneiden. Salat und Champignons mischen. Aus den übrigen Zutaten eine Sauce rühren. Erst unmittelbar vor dem Servieren über den Salat geben.

Zwei Stahlhelme nach Israel

In »The Big Red One« spielte ich den Feldwebel Schröder. Kurz bevor ich zu den Außenaufnahmen nach Israel flog, rief die Produktion an:

»Können Sie zwei deutsche Stahlhelme besorgen? Aber es müssen Originale sein!«

»Kein Problem.« In München gibt es einen sehr gut sortierten Fundus.

»Sie bringen die Stahlhelme mit, ja? Das macht Ihnen doch nichts aus?«

In München-Riem für einen Flug nach Israel einchecken – das ist ungefähr dasselbe wie einen Panzerring durchbrechen ...

»Und was haben Sie da?« erkundigte sich einer der deutschen Grenzbeamten.

»Stahlhelme.«

»Aus dem Dritten Reich. Damit wollen Sie nach Israel?«

Ich erklärte es ihm.

»Na, denn viel Spaß«, sagte er. »Mir ist es egal, ob Sie die Dinger mitnehmen. Aber die werden Sie nicht ins Land lassen.«

Mir war nicht ganz wohl. Aber ich hatte die Stahlhelme nun mal im Handgepäck. Außerdem war ich müde. Ich schlief schon, als der Vogel noch nicht richtig abgehoben hatte.

Als ich kurz vor der Landung in Tel Aviv aufwachte, ging mir alles mögliche durch den Kopf. Nur an die Stahlhelme verschwendete ich keinen einzigen Gedanken.

Meine Koffer sah sich der israelische Zoll sehr genau an, für mein Handgepäck interessierte sich niemand.

Erst als ich durch die Ankunftshalle ging und nach dem Fahrer Ausschau hielt, der mich abholen sollte, fielen mir die stählernen Mitbringsel wieder ein.

Ich gab sie dem Fahrer und war froh, sie los zu sein.

Mit einem Regisseur wie Samuel Fuller zu arbeiten, ist der Wunsch vieler Kollegen.

Für mich ging er in Erfüllung.

»Ein Film ist wie ein Schlachtfeld«, sagte Fuller, als wir vor Drehbeginn über »The Big Red One« sprachen. »Ein Schlachtfeld, auf dem sich Liebe, Haß, Action, Gewalt und Tod abspielen. Mit einem Wort: Gefühlsäußerungen sind alles.«

In »The Big Red One« ging es vor allem um Gewalt und Tod. »Die große rote Eins«, das ist die berühmte erste Infanterie-Division der amerikanischen Armee, die im Zweiten Weltkrieg an verschiedenen Fronten eingesetzt war.

Fuller gehört nicht zu den Regisseuren, die Gesundheit und Leben ihrer Schauspieler leichtfertig aufs Spiel setzen. Er erwartet jedoch Einsatz bis an die äußersten Grenzen der Leistungsfähigkeit. In Zweifelsfällen sucht er die Entscheidung gemeinsam mit dem Akteur.

So erklärte er mir am Beginn eines Drehtages:

»Wir müßten heute eigentlich ein Double für dich nehmen, denn die Szene mit dem Panzer ist gefährlich. Andererseits würde ich das gern ohne Schnitt durchdrehen, mit einer Großaufnahme.«

Wir sprachen die Einstellung durch: Ein Panzer kam über den Hügel, und sobald er über die Kante kippte, fing er an zu schießen. Ein deutscher Panzer! Er schoß auf die eigenen Leute, und das löste ein totales Durcheinander aus und führte zu einem Inferno.

»Du wirst angeschossen und fällst hin«, sagte Fuller. »Der Panzer kommt unerbittlich näher, er kommt genau auf dich zu. Du schreist, du warnst deine Leute. – Und im allerletzten Augenblick drehst du dich vor den Panzerketten weg.«

Ich schwieg und schluckte.

»Kannst du das machen? Traust du dir's zu?«

»Mein Gott, wenn das wirklich gute Panzerfahrer sind...«

Warum nicht? Bei einer amerikanischen Produktion habe ich in solchen Situationen einfach ein besseres Gefühl als – beispielsweise – in einer italienischen. Alles ist profihafter, verläßlicher.

Die alten *deutschen* Panzer, die man eigentlich gebraucht hätte, waren nirgendwo aufzutreiben gewesen. Also hatte Fuller amerikanische genommen und optisch so umrüsten lassen, daß selbst Fachleute nichts auszusetzen fanden.

Mit den Israelis war abgesprochen, daß Angehörige ihrer Armee die Panzer fahren würden. Sam Fuller hatte dabei an die alten Kämpfer gedacht, die Erfahrungen mit den antiquierten Panzern besaßen. Stattdessen schickte die Armee ein paar blutjunge Burschen. Panzerfahrer zwar, aber ohne jede Ahnung von den Ungetümen aus dem Zweiten Weltkrieg.

Auch ein Laie wie ich merkte sehr bald, daß die Jungen mit dem alten G'lump nicht zurechtkamen. Die konnten nicht mal gerade über den Hügel fahren, fingen jedesmal an, zu schlittern und zu schleudern.

Ich ging zu dem Panzer, mit dem ich's zu tun bekommen sollte. Der Fahrer hieß Shlomo, ein sympathischer Junge von 21 Jahren.

»Hör mal, du mußt geradeaus fahren!«

»Ja, ja. Ist doch klar, Mann!« Er war so nervös, daß es aussah, als hätte er ein paar überzählige Hände und Füße. »Ich mach' das schon!«

Er und die anderen übten noch ein bißchen. Fullers Assistent kam und fragte, ob wir bereit seien. Ich sah zu Shlomos Panzer hinüber, der einen wahnsinnigen Zickzackkurs fuhr.

»Moment noch. Ich muß noch mal mit dem dort reden.«

Als ich hinkam, war Shlomo aus der Luke geklettert und sah mich an, als hätte er mich gerade zermatscht:

»Ich muß dir was sagen. Ich kann diesen Panzer nicht fahren!«

»Und das sagst du jetzt, zwei Minuten vor der Aufnahme?«

»Ich hab vorher nie in so 'nem Ding gesessen. Das hat überhaupt keine Ähnlichkeit mit unseren Panzern. – Ich werde dich töten!«

Ich stand wie erstarrt.

»Ich seh' nichts!« keuchte Shlomo. »Ich komm mit den Hebeln und Pedalen nicht klar. Die Ketten blockieren viel zu früh...«

Dann fiel er mir um den Hals und begann zu heulen. Ein lieber Kerl und total hysterisch.

»Du tust mir so leid!«

»Ist ja gut. Noch lebe ich.«

»Begreifst du denn nicht? Es *muß* schiefgeh'n! Ich seh' überhaupt nichts durch den engen Schlitz! Das alte Ding macht, was es will, und weil das so ist, bin ich wahnsinnig nervös.«

Ich befreite mich erst einmal aus seiner Umarmung. Dann stand ich da und suchte nach einer Lösung. Jemand winkte mir zu. Adam Greenberg, der Kameramann.

Plötzlich mußte ich an Amsterdam denken. Dort war ich dem Tod mit knapper Not entronnen.

Adam Greenberg hatte auch damals die Kamera geführt ...

Ich griff in die Hosentasche und hatte das Feuerzeug in der Hand. Das goldene Cartier-Feuerzeug, das ich in Amsterdam gekauft hatte, zur Feier meiner Wiedergeburt ...

»Jetzt passiert's. Deine eigene Schuld. Warum bist du nicht ein bißchen abergläubisch und achtest auf solche Warnungen?«

Ich brachte die Stimme im Hinterkopf zum Schweigen und rief Greenberg zu:

»Wir können!«

Shlomo bedachte mich mit einem letzten traurigen Blick, bevor er in seinen Panzer kletterte.

Wer noch nie Panzerketten auf sich hat zurollen hören, weiß nicht, wie das ist. Das absolut ekelhafteste Geräusch, das ich mir vorstellen kann.

»Vielleicht«, sagte der kleine Mann in meinem Hinterkopf, »rollt dir der Panzer ja nur über den Fuß, und du bleibst am Leben. Von den Fußknochen werden allerdings nur ein paar Spreißel übrig sein ...«

O, Mann!

Zwischen dem Panzer und mir waren noch fünf oder sechs Meter, und ich lag da und *wußte,* ich komm' nicht mehr weg. Dafür sorgten schon das Maschinengewehr und die Maschinenpistole, die mich einrahmten und regelrecht blockierten.

Ich verfluchte Shlomo und Sam Fuller und jeden, der an dem Einfall mitgearbeitet hatte, mich hier in der heißen Sonne Israels auf so abscheuliche Art umkommen zu lassen.

Noch vier Meter.

Ich sah Adam Greenberg. Er ist ein kräftiger Kerl, stark gebräunt, mit grauem Haar. Greenberg hielt die schwere Kamera wie andere eine Super-Acht. Unglaublich, wie er das schaffte, ohne Schienen und Wagen und irgendwelche anderen Hilfsmittel.

Und idiotisch, daß mir das ausgerechnet jetzt durch den Kopf ging, in der letzten Sekunde meines Lebens.

Die Panzerketten mahlten und kreischten, und Shlomo steuerte den gewohnten Zickzackkurs.

Noch drei Meter!

Verdammt nochmal, ich wollte nicht sterben! Auf keinen Fall grundlos! Ich rollte mich weg. Zu früh. Der Panzer war immer noch zwei Meter entfernt.

Aber ich war in Sicherheit, und alles andere war mir in diesem Moment sch... egal.

Sam Fuller kam herüber. Es gab keine Diskussion. Er hatte begriffen und sagte nur:

»Okay, wir machen einen Zwischenschnitt. Dort kommt der Tank über den Hügel, da liegst du, und wenn der Tank die Markierung erreicht hat, rollst du sofort weg.«

Er steckte einen kleinen Zweig in den Sand. Einen Zweig mit drei kleinen, grünen Blättern. Ich betrachtete ihn, als die Panzerketten kreischten und der Tank drohend auf mich zukam. Ich sah, wie die linke Kette das bißchen Grün fraß und wartete noch eine endlose Sekunde.

Dann rollte ich mich zur Seite.

Ich war ganz ruhig gewesen. Ich hatte gewußt, daß ich mir nicht den kleinsten Fehler erlauben durfte, weil ich sonst tot war. Ich hatte überlebt. Alles war in Ordnung.

Früher war so etwas einfacher für mich. Seit ich Familie habe, denke ich öfter über Gefahren nach. Einerseits ist das gut, denn es macht vorsichtiger. Es kann aber auch zur Belastung werden und Fehler auslösen.

Unmittelbar nach dem Ende der Aufnahmen in Israel flog ich zurück nach Deutschland. In Gedanken war ich schon bei Karin und den Kindern, als ich in Tel Aviv eincheckte. Der dort übliche Sicherheitsbeamte war in diesem Fall ein Mädchen, eine bildschöne Sabra.

In rasender Geschwindigkeit schoß sie ein Dutzend Fragen ab und erwartete, daß ich genauso schnell antwortete:

»Was haben sie in Israel gemacht? Wo haben Sie gewohnt? Wo waren Sie gestern abend um neun Uhr? Wer war gestern mittag in Ihrem Hotelzimmer? Wer hat Ihren Koffer gepackt?«

Ich schaffte die ersten drei Antworten. Dann mußte ich lachen.

»Warum lachen Sie?«

»Ich hab mir gerade vorgestellt, daß meine Frau mich fragen würde...«

»Finden Sie das komisch?«

Sie fand's nicht komisch, das wurde mir klar. Sie drehte sich um und holte ihren Vorgesetzten.

»Was wir hier machen, ist nicht so lächerlich, wie es Ihnen vorkommt, mein Herr.«

Ich entschuldigte mich. Es war früh um sechs, ich hatte kaum geschlafen, fühlte mich erschöpft und hatte eigentlich wirklich für nichts Interesse als für das Wiedersehen mit meiner Familie.

»Also: Was war der Grund für Ihren Aufenthalt in Israel?«

»Ich habe hier einen Film gemacht.«

»So, einen Film. – Mit wem haben Sie gefilmt?«

»Mit Lee Marvin.«

»Marvin?«

»Ja, Lee Marvin. Der Hollywoodstar.«

Er schüttelte den Kopf.

»Nie gehört. – Wer war noch dabei?«

Mindestens 200 Leute. Und mir fielen Dutzende von Vornamen ein: »Jack ... Toni ... Gunter ...« Ich suchte die Nachnamen, die dazugehörten – und fand sie nicht. Ein Teil meines Hirns war regelrecht blockiert.

Der Sicherheitsmensch und die bildschöne Sabra betrachteten mich mit wachsendem Mißtrauen.

»Sam Fuller!« stieß ich heraus. Wenn sie schon Lee Marvin nicht kannten, von Sam Fuller *mußten* sie wenigstens gehört haben!

Zu spät. Einer wurde mit meinem Paß losgeschickt und kam nicht wieder.

»Jetzt erzählen Sie uns mal ein bißchen mehr über das, was Sie hier gemacht haben«, sagte der Sicherheitsbeamte und rückte sich einen Stuhl zurecht, als hätten wir den ganzen Tag Zeit.

Mein Flug war bereits aufgerufen worden.

Warum hatte ich gelacht? In zwei Minuten wäre alles vorüber gewesen!

»Was wollen Sie wissen?« Ich erzählte, daß wir in Jerusalem, am See Genezareth, in Tel Aviv und im Negeb gedreht hatten.

Er sah mich an und glaubte kein Wort.

Letzter Aufruf für den Flug der EL-AL nach München.

Da fiel mir ein, daß ich meinen Vertrag in der Tasche hatte. Ich glaube, es war das erste Mal. Der Sicherheitsmensch sah sich den Vertrag an, auf dem auch der Stempel einer israelischen Produktionsgesellschaft prangte. Er rief dort an, und ein Wunder geschah: Trotz der frühen Stunde war schon jemand im Büro und bestätigte, daß es mit dem Film seine Richtigkeit hätte ...

Auch mein Paß kam zurück.

»Sie können gehen.« Es klang nach Begnadigung.

Eine Boden-Stewardeß brachte mich zum Flugzeug. In der allerletzten Minute. Ich saß noch nicht richtig, da rollte der Jet schon zum Startplatz.

Als wir in der Luft waren, den Gurt lösen durften und das Rauchverbot aufgehoben war, zuckte ich plötzlich heftig zusammen.

Eine Stewardeß blieb stehen und sah mich fragend an.

»Einen Drink, bitte«, krächzte ich. »Einen Whisky. Aber doppelt.«

Mir war gerade eingefallen, daß ich zwei Stahlhelme der deutschen Wehrmacht im Gepäck hatte (um sie in München abzugeben).

Auf welche Gedanken wäre der israelische Sicherheitsdienst wohl noch gekommen, wenn er bei dem verdächtigen Subjekt zwei Stahlhelme gefunden hätte?

Ich habe in Israel häufig koscher gegessen – und die gleichen Gerichte in anderen Restaurants, die sich nicht an die jüdischen Religionsgesetze hielten. Dort bereiteten sie der fremden Zunge oft mehr Genuß.

Gehackte Hühnerleber

Zutaten: 500 g Hühnerleber, das Gelbe von 3 hartgekochten Eiern, 2 feingehackte Zwiebeln, 1 Tl Kapern, 3 bis 4 El Margarine, Salz, Pfeffer.

Zwiebeln in Margarine glasig dünsten. Gewaschene und abgetrocknete Leber dazugeben und etwa 6 Minuten bei mittlerer Hitze braten. Zusammen mit Eigelb und Kapern durch den Fleischwolf drehen. Mit Salz und Pfeffer abschmecken. Ausgekühlt mit Toast servieren.

Gefillte Fisch

Zutaten: 4 Forellen, 80 g Butter, Zitronensaft, Wurzelwerk (Sellerie, Möhren, Lauch), 1 Tl Petersilie, 1 Zwiebel, 2 El Semmelbrösel, Pfeffer, Muskat, 4 Eigelb, 1 El Speisestärke.

Forellen schuppen, ausnehmen und gründlich waschen. Fleisch samt Gräten vorsichtig von der Haut trennen. Kopf und Schwanz müssen mit der Haut verbunden bleiben. Fleisch von den Gräten lösen und durch den Wolf drehen. Aus Gräten, Salz, Zitronensaft und Wurzelwerk einen Sud bereiten und etwa 25 Minuten kochen lassen. Durch ein Sieb gießen. In einer Pfanne Butter erhitzen, Forellenfleisch hinzugeben und mit Petersilie und Semmelbröseln kräftig andünsten. Vom Feuer nehmen, leicht auskühlen lassen. Feingehackte Zwiebel, Gewürze und zwei Eigelb mit der Masse vermischen. Farce in die Fischhäute füllen und zubinden. Die Fische im Sud bei schwacher Hitze in 20 Minuten garen, behutsam herausnehmen. Sud mit in kaltem Wasser angerührter Speisestärke und dem restlichen Eigelb binden, abschmecken und über den Fisch gießen. Als Beilage Reis.

Seezunge mit Avocados und Champignons

Zutaten: 1 kg Seezungenfilets, 2 bis 3 El Zitronensaft, Salz, Pfeffer, 2 El Kerbel, 2 Avocados, 250 g Champignons, 30 g Butter, 25 g Mehl, ¼ l saure Sahne, ⅛ l trockener Weißwein.

Filets mit Zitronensaft beträufeln und mit Salz und Pfeffer würzen. In eine gefettete Form legen. Mit Kerbel bestreuen. Avocados schälen, kernen und in dünne Scheiben schneiden. Auf den Filets verteilen. Champignons blättrig schneiden und in wenig Fett 5 Minuten dünsten. Ebenfalls über den Fisch geben. Restliches Fett zusammen mit dem Mehl erhitzen. Mit Sahne und Wein ablöschen. Salzen, pfeffern und einmal aufkochen lassen. Sauce über den Fisch gießen und im vorgeheizten Rohr bei 200 Grad 20 Minuten dünsten.

Avocados mit Aprikosensauce

Zutaten: 2 Avocados, 1 Apfelsine, 1 Banane, Zucker, Weinbrand Curacao, ½ Glas Aprikosenkonfitüre, Wasser, 1 Tl Speisestärke, Zitronensaft.

Avocados halbieren, kernen und das Fruchtfleisch vorsichtig aus der Schale holen, die ganz bleiben muß. Avocadofleisch und Apfelsine würfeln, Banane in Scheiben schneiden. Mit Zucker, Weinbrand und Curacao nach Geschmack würzen. Aprikosenkonfitüre mit etwas Wasser verdünnen und erhitzen. Mit Speisestärke binden und mit Zitronensaft abschmecken. Nach dem Auskühlen über die Früchte gießen. In den Avocadoschalen servieren.

Irische Gastfreundschaft

Benedikt hatte Sommerferien. Ich packte die ganze Familie in den Campingbus und nahm sie mit nach Irland, wo die restlichen Aufnahmen für »The Big Red One« gedreht werden sollten.

Die Fähre brachte uns von Le Havre nach Cork. Nach drei Kilometern gab's einen Schlag – und unser Bus hatte keine Frontscheibe mehr.

Natürlich fing's in diesem Augenblick an zu regnen. Und wir waren meilenweit vom nächsten Dorf entfernt.

Karin entdeckte ein Haus, das einsam an der nächsten Kreuzung stand. Wir hielten. Es war ein Pub.

Der Wirt kam heraus, betrachtete sich die Angelegenheit und fuhr seinen Lastwagen aus der Garage, ehe ich Zeit zu langen Erklärungen fand.

Ich fuhr den Bus hinein, bevor das Innere ganz unter Wasser stand.

Wir Erwachsenen wärmten uns mit einem Whiskey auf, ich rief die Produktion an und schilderte, was uns zugestoßen war. Die Wirtin kümmerte sich um Benedikt und Jakob, und während wir auf den Wagen warteten, der uns abholen sollte, schaffte sie Koffer herbei, in die wir alles packten, was wir für die nächsten Tage brauchten.

Ich versuchte, mich für die Umstände zu entschuldigen, die wir, völlig Fremde, den beiden bereiteten. Ihre Verständnislosigkeit war nicht gespielt, so wenig wie die selbstverständliche Hilfsbereitschaft und trockene Herzlichkeit.

»Ich weiß nicht, wie lange es dauern wird, eine neue Scheibe zu beschaffen«, sagte ich, als wir aufbrachen.

»Machen Sie sich darüber keine Sorgen«, erwiderte der Wirt. »Der Wagen stört uns nicht.«

Die Produktion kümmerte sich um Ersatz und ließ eine Scheibe aus Deutschland einfliegen. Nach einer Woche hatte ich einen drehfreien Tag und fuhr hinunter. Eine nahe Werkstatt brachte den Wagen in Ordnung. Ich lieferte die geborgten Koffer ab und fragte, was ich schuldig sei.

Damit brachte ich Wirt und Wirtin nun wirklich auf. Ich hielt das Portemonnaie schon in der Hand, um meine Schulden zu bezahlen, und sie schlug mir auf die Finger und schimpfte beleidigt, ich solle das verdammte Geld wegstecken.

Mir blieb nichts übrig, als das Dankeschön mit einer Entschuldigung zu vermengen.

Nach Abschluß der Dreharbeiten tranken wir eine ganze Nacht mitten unter Einheimischen, die ihre schönen, melancholischen Lieder sangen. Als sie entdeckten, wer da zwischen ihnen saß, bedrängten sie Lee Marvin, sein Lied zu singen, das in kürzester Zeit eine Goldene Schallplatte errungen hatte und auch in Irland ein Hit geworden war: »I Was Born Under A Wondering Star«.

Ich wußte, Lee würde nicht singen. Er kann nicht singen. Die Single hat ihn sechs harte Wochen im Studio gekostet, und natürlich ist er stolz auf den Erfolg.

»Fuck off!« blaffte er einen Iren an, der ihn bedrängte.

Es sah so aus, als würde unsere feuchtfröhliche Abschiedsnacht in einem Mißklang enden. Aber irgendwie begriffen die Iren, daß Lee gewichtige Gründe hatte, sich zu weigern, und in diesem Augenblick war das Thema gestorben.

Wir verließen Dublin am nächsten Tag und fuhren hinüber zur Westküste, um dort ein paar Wochen Urlaub zu machen. Wir fanden eine winzige Halbinsel, darauf ein Wohnwagen und zwei Zelte. Der Bauer, dem das Land gehörte, kam herüber, begrüßte uns freundlich und fragte, woher wir kämen.

Bayern?

Von Bayern hatte er noch nie gehört. Uganda oder die Riukiu-Inseln konnten ihm nicht fremder sein.

Abends, bei Whiskey und Bier, lernten wir, daß in jedem Iren ein Poet steckt. Manchmal verstanden wir kein Wort. Das lag nicht immer am Dialekt, sondern auch daran, daß viel gälisch gesprochen wurde. Aber die Atmosphäre war so dicht, daß simples wörtliches Verstehen überflüssig war. Wir fühlten uns verzaubert.

Der Wohnwagen auf der kleinen Halbinsel gehörte einem Engländer. Er hieß Whistler, hatte ein Schlauchboot und kam mit Unmengen von Fisch zurück. Ich traute meinen Augen nicht. Mir war's noch nicht gelungen, einen Fisch zu fangen, seit wir durch Irland fuhren.

Whistler schenkte uns gleich einige Haddocks – Schellfische – und lud mich ein, ihn am nächsten Tag zu begleiten. Über dem Fischen freundeten wir uns rasch an.

»Ihre Angel taugt nicht für Haddocks«, sagte er. »Nehmen Sie eine von meinen.«

Die hatten vier Haken und eine bleibeschwerte Schnur. Man ließ sie ins Wasser und zog ein paarmal dran.

Plötzlich gab's einen Ruck, daß ich dachte, ich hätte einen Hai erwischt. Und es zuckte wieder und wieder.

Ich zog die Schnur ein und hatte beim allerersten Versuch gleich vier Haddocks, an jedem Haken einen.

Das klingt wie Anglerlatein, aber es ist Wahrheit. Und manchmal zogen wir unsere Angeln ein und hatten nur einen Schellfisch gefangen ...

Wir fuhren auch mit den Kindern in Whistlers Schlauchboot hinaus, aber das war eine wacklige Angelegenheit bei dem oft rauhen Seegang, den unberechenbaren Strömungen und dem hierfür viel zu schwachen Outborder.

Eines Morgens zog ich's deshalb vor, mit Benedikt eine nahegelegene Bucht von Land aus zu erkunden. Wir fanden eine Stelle, die vielversprechend schien und warfen unsere Angeln aus.

Auf einmal gab's einen Laut, wie ihn keiner von uns je zuvor vernommen hatte:

»Kwoch, kwoch, kwoch.«

Ein Seelöwe tauchte hinter einem Felsblock auf und starrte uns aus kurzer Entfernung an. Wir ließen die Angeln fallen und türmten über die nächsten Felsen – bis wir begriffen, daß der Riese mit dem schimmernden Fell nur neugierig war.

Wir beobachteten uns während der nächsten halben Stunde gegenseitig. Er schien zu begreifen, daß wir nicht weniger neugierig waren als er selbst, robbte mehrmals ins Wasser und zeigte uns, wie behend und geschickt er dort war. Jedesmal, wenn sein Fell trocknete, schimmerte es wie Kupfer und Gold.

Abends, im Pub, trafen sich Iren aus der ganzen Gegend. Die Anwesenheit der Exoten aus Bayern hatte sich herumgesprochen. Sie wollten wissen, wie es bei uns zu Hause aussähe, wie wir lebten. Als sei dies nicht das Zeitalter der Massenmedien, das Kunde über die entlegensten Gebiete der Erde ins Haus bringt, ohne daß man sich darum bemüht.

Den größten Spaß machten uns an diesen Abenden die Musiker mit ihren diatonischen Harmonikas und den kleinen Pipes. Auch ein Löffelschläger war dabei.

Der hätte in Bayern musizieren können, ohne als Fremder aufzufallen.

Von unserem Überfluß an frischem Seefisch gaben wir regelmäßig an den Bauern ab, auf dessen Grundstück unser Bus stand. Morgens fanden wir dann immer frischen Salat, Gemüse, Kartoffeln vor der Tür. Wir holten auch täglich frische Milch vom Hof, und die Bäuerin weigerte sich, Geld dafür zu nehmen.

Aber der Krug, in dem wir die Milch holten, gefiel ihr. Sie bewunderte ihn immer wieder. Es war ein buntbemalter Krug aus Plastik – sehr praktisch für unterwegs, weil unzerbrechlich.

Aber daß ihn jemand schön finden konnte ...

Wir schenkten den Krug her. Verlegen, wegen der Schäbigkeit des Geschenks. Die Bäuerin wiederum zeigte Verlegenheit, weil sie glaubte, sie könne ein solches Geschenk nicht annehmen ...

Ich wollte unbedingt in den irischen Binnengewässern angeln, von denen ich so viel gehört und gelesen hatte. Ich wollte wenigstens einmal in meinem Leben einen Lachs an der Angel haben. Also fragte ich einen Einheimischen:

»Wo bekomme ich eine Fischkarte?«

»Fischkarte? Hier brauchen Sie keine Fischkarte.«

»Wirklich nicht?«

»Niemand gibt hier Geld für eine Fischkarte aus. Die kostet ja mindestens zwei Pfund oder sogar drei. Fischkarten gibt's nämlich nur für die ganze Saison.«

»Wenn es Fischkarten gibt, braucht man sie doch auch«, schloß ich messerscharf.

»Ja, aber nur für Lachs!«

»Genau danach will ich angeln.«

Ich wurde an die Polizei verwiesen. Die nächste Dienststelle befand sich in einem Häuschen am Rand eines Dorfes. Das Wohnzimmer des Polizisten war zugleich Amtsstube. Ich trug meinen Wunsch vor. Das Spielchen wiederholte sich:

»Fischkarte? Ich hab' noch nie eine Fischkarte ausgestellt. Niemand kauft hier eine Fischkarte, es sei denn, er will einen Lachs fangen.«

Der Fischhändler, der von der Regierung hierzu ermächtigt war und mir schließlich eine Fischkarte verkaufte, meinte kopfschüttelnd und mißbilligend:

»Drei Pfund für eine Fischkarte! Wo Sie nicht einmal wissen, ob Sie einen Lachs fangen!«

Auf unserer Straßenkarte suchte ich, endlich stolzer Besitzer einer zum Lachsfang berechtigenden Karte, einen der zahlreichen Binnenseen heraus, und an einem schönen, kühlen Tag machten wir uns auf den Weg.

Es wurde eine Reise in die Einsamkeit. Bald gab es kein Haus mehr, soweit das Auge reichte. Nichts, was auf menschliche Besiedlung hindeutete. Nur noch Natur und ein Weg, auf dem unser Bus behutsam hinrollte.

»Glaubst du noch an diesen See?« fragte Karin. »Ich nicht!« Sie wäre ohnehin lieber am Meer geblieben, ebenso die Kinder.

Wir machten Rast. Wir fuhren weiter. Die Dämmerung war nicht mehr weit. Ich zog die Karte immer wieder zu Rate, aber das waren nur symbolische Handlungen. Längst war jede Orientierung verlorengegangen.

Da tauchte plötzlich hinter einem Hügel ein Bauernhaus auf. Eine menschliche Ansiedlung! Und jetzt entdeckte ich auch zwei Gestalten!

Sie standen auf einem riesigen Misthaufen, ein alter und ein junger Mann, und sie sahen furchterregend aus. Sie starrten uns und unseren Campingbus an wie Besuch aus einer anderen Welt. Auch als sie zur Begrüßung freundlich (und zahnlos) lachten, wirkten sie vor allem unheimlich.

Nicht nur auf uns Erwachsene. Jakob verzog sich lautlos, Benedikt fing leise an zu weinen.

Ich war ausgestiegen, hielt mich aber in der Nähe des Wagens. Gerade so, als sei ich im innersten Afrika auf einen unbekannten Eingeborenenstamm gestoßen, über dessen Gefährlichkeit keine Erkenntnisse vorlagen.

»Gibt es hier einen See?«

»Yes!« Sie nickten beide heftig. »Big Lake! Good Lake!« Und nickten und strahlten um die Wette, während sie uns die Richtung zum See wiesen und wiederholten: Großer See, guter See!

»Was glaubst du, wo die uns hinschicken?« fragte Karin gepreßt und immer noch halb erstarrt, obwohl der Misthaufen mit den beiden archaischen Gestalten längst hinter uns lag. »Vielleicht stürzen wir in eine Schlucht! – Bitte, Sigi, laß uns umkehren!«

Hinter dem nächsten Hügel fanden wir einen wunderschönen, weiten See. Ich suchte den geeigneten Standplatz für unseren Bus, dann machte ich mein Angelzeug bereit und ging mit hochgespannten Erwartungen zum Ufer.

Ich angelte bis zur Dunkelheit, aber ich fing keinen der begehrten, berühmten Lachse. Weder an diesem Tag, noch am nächsten oder übernächsten.

Grund genug, irgendwann wieder zurückzukehren auf die grüne Insel.

Irische Bauernsuppe

Zutaten: 500 g Suppenfleisch vom Rind, 1 l Wasser, 100 g Erbsen, 100 g Graupen, 500 g in feine Streifen geschnittener Weißkohl, 30 g Bleichsellerie, 1 Stange in dünne Scheiben geschnittener Lauch, 1 in Würfel geschnittene Möhre, 1 kleine weiße Rübe, ebenfalls in Würfel geschnitten, 8 bis 10 frisch gekochte Pellkartoffeln, Salz, Pfeffer aus der Mühle.

Rindfleisch und Wasser zusammen mit Erbsen, Graupen, Weißkohl, Bleichsellerie, Lauch, Möhre und Rübe in einen Topf geben. Bei schwacher Hitze 2 bis 3 Stunden köcheln lassen. Mit Salz und Pfeffer abschmecken. Fleisch kleinschneiden und wieder in die Suppe geben. Auf jedem Teller 2 bis 3 Kartoffeln zerkleinern und die Suppe darüberschöpfen.

Irish Stew

Zutaten: 750 g Hammelschulter oder -keule ohne Knochen, 750 g in nicht zu dünne Scheiben geschnittene Kartoffeln, 6 in Scheiben geschnittene Zwiebeln, Salz Pfeffer, Kümmel, 1½ l Fleischbrühe.

Beim Irish Stew gibt es eine Unzahl von Variationen, von denen die meisten Verfälschungen sind. Das Original ist auch hier unerreicht. Fleisch von allem Fett befreien und in große Würfel schneiden. In eine feuerfeste Form zuerst eine Lage Kartoffeln, danach eine Lage Zwiebeln und schließlich das Fleisch schichten. Jede Lage mit wenig Salz und viel Pfeffer würzen. Zum Schluß wieder eine Lage Kartoffeln und eine Lage Zwiebeln. Alles gut zusammendrücken. Fleischbrühe angießen, bis die oberste Zwiebelschicht gut durchfeuchtet ist. Kümmel darüberstreuen. Zugedeckt in das vorgeheizte Rohr geben und bei 200 Grad etwa 90 Minuten dünsten lassen, ohne den Deckel zu lüften. Sehr heiß auf den Tisch bringen. Als Beilage eignet sich

Gedünsteter Weißkohl

Zutaten: 1 kg Weißkohl, 1 Zwiebel, 1 Tl Kümmel, Salz Pfeffer, ¼ l Brühe, 40 g Margarine.

Kleingehackte Zwiebel in der Margarine glasig dünsten. Feingeschnittenen Weißkohl und Kümmel zugeben. Soviel Brühe zugießen, daß das Kraut nicht anbrennen kann, salzen und pfeffern. Auf kleiner Flamme weichdünsten. Bei Bedarf Brühe nachgießen. Zum Schluß mit Pfeffer und Salz abschmecken.

Die Liebe zur Musik

Ich habe immer gesungen. Weil es mir Spaß macht. Gesang ist ein Zeichen dafür, daß ich mit mir selbst im Einklang bin.

Als 13jähriger bekam ich die erste Gitarre in die Finger; damals das einzige Instrument, das sich im Haus meiner Eltern fand. Ich brachte mir die ersten Griffe selbst bei. Ich schaute anderen auf die Finger, um hinter ihre Tricks zu kommen, und mit 15 war ich gut genug für eine Band.

Ich erinnere mich noch genau: 1948 gab's zwölf Mark am Abend. Damals eine Menge Geld. Nicht nur für einen 16jährigen.

Nicht sehr viel später kam die erste große Versuchung, und trotz aller Bedenken gab ich ihr nach.

Ich verließ das Gymnasium und spielte jeden Abend in einer Garmisch-Partenkirchener Bar. Das brachte 750 Mark im Monat.

»Greif zu«, hatte mir ein älterer Freund geraten, der sein Studium schon fast hinter sich hatte. »Soviel Geld verdienst du nie wieder!« Aber das Geld war gar nicht ausschlaggebend.

Trotzdem, wir konnten es gut gebrauchen. Aber nach einigen Wochen würgte mich das Gewissen. Ich kämpfte noch einen Monat mit mir. Dann ging ich zum Direktor meiner alten Schule und erklärte kleinlaut, daß ich doch lieber versuchen wollte, erst einmal das Abitur zu machen.

Ich hatte viel versäumt, die Lehrer machten mir wenig Hoffnung. In Latein verhaute ich die schriftliche Arbeit und hätte im Mündlichen ganz bestimmt ebenfalls versagt, wäre da nicht ein verständnisvoller Lehrer gewesen, der mir einen Tip gab. Ich war dann tatsächlich genau für die Fragen präpariert, die kamen ...

Die Musik hätte mich um ein Haar das Abitur gekostet. Später war mir meine musikalische Begabung immer wieder nützlich. In Musicals etwa. Aber auch in Shakespeare-Stücken, als singender und lautenklimpernder Edelmann.

Die Gitarre begleitet mich auf allen Reisen. Da ergab es sich eben, daß mich hin und wieder Leute vom Fach ansprachen und fragten, ob ich nicht Lust hätte, eine Platte zu machen.

Einer brachte mich mit Michael Kunze zusammen. Der ging auf meine Vorstellungen von Songs, Liedern und Chansons ein und schrieb ein paar Texte für mich, die mir wirklich gut gefielen.

Aber die Arbeit an meiner ersten Platte stagnierte aus den verschiedensten Gründen. Martin Böttcher griff die Idee wieder auf. Ihn hatte ich anläßlich der Dreharbeiten zu »Es muß nicht immer Kaviar sein« getroffen, er schrieb die Musik zu der Serie.

Böttcher ging mit dem Vorschlag zu Warner Electrola Atlantic und bekam sofort grünes Licht für die Produktion.

Michael Kunze, Martin Böttcher und ich suchten die Nummern gemeinsam aus und produzierten 1979 in München meine erste LP mit dem Titel »Mich stört der Regen nicht«.

Promotion ist alles in diesem Geschäft. Das wußte ich, und das hatte man mir immer wieder gesagt. Aber ich hatte einen Vertrag für eine endlos lange TV-Serie, ich mußte für mehr als ein halbes Jahr nach Neuseeland. Das machte es schlicht unmöglich, gleichzeitig in Deutschland für die Schallplatte zu trommeln.

Als ich später eine Single mit dem Titelsong der TV-Serie »Der Mann in den Bergen« machte und mir die Zeit nehmen konnte, zu den Rundfunkanstalten zu fahren und dort in verschiedenen Sendungen aufzutreten, lief der Verkauf sehr gut. »Frei sein, wie der Mann, der in den Bergen lebt« wurde ein Hit.

Aber das Plattengeschäft ist hart und ein Lotteriespiel obendrein. Für mich waren die Versuche bisher nur Ausflüge in ein verwandtes Metier, und dabei soll es auch bleiben.

Eine Platte allerdings will ich auf jeden Fall noch machen. Eine Platte mit eigenen Melodien und Texten meines Freundes Friedhelm Lehmann.

Mein Lieblingslied habe ich in Mexiko zur Gitarre gesungen. Es beginnt mit den Zeilen:

Man muß ein bißchen sterben,

bevor man leben kann.
Erst bricht das Eis in Scherben,
dann bricht der Frühling an.

Ein Mitarbeiter des Westdeutschen Rundfunks, der zufällig in Durango war, hörte es und wollte es für die Sendung »Hits um Viertel vor acht« haben.

Er reiste mir Monate später bis nach Neuseeland nach, besorgte dort ein Kamera- und Ton-Team und nahm das Lied auf. Nach der Sendung kamen viele Anfragen, doch leider gibt's die Platte bis heute noch nicht.

Während der Produktion von »Mich stört der Regen nicht« trafen wir uns hin und wieder draußen bei uns, und Karin bereitete Hausmannskost nach eigenen Rezepten:

Großmutters Heringssalat

Zutaten: 4 Salzheringe, 200 g kalter Schweinebraten, 3 saure Gurken, 100 g eingelegte Rote Rüben, 1 großer säuerlicher Apfel, 4 Pellkartoffeln, 1 Zwiebel, 3 hartgekochte Eier, Öl, Essig, Salz, Pfeffer.

Salzheringe etwa 24 Stunden wässern. Zutaten in kleine Würfel schneiden und mit Öl, Essig und Pfeffer mischen. Mit etwas Saft von den Roten Rüben färben. Gut durchziehen lassen und mit Salz abschmecken.

Gebackene Kalbsfüße

Zutaten: 2 Kalbsfüße, 2 Lorbeerblätter, 1 El Weinessig, Salz, Pfeffer, 1 Stange Lauch, 2 Möhren, 1 Stück Sellerie, 3 El Mehl, Senf, 1 Ei, 3 El Semmelbrösel, 50 g Pflanzenfett.

Kalbsfüße mit kaltem Salzwasser bedeckt aufsetzen. Zum Kochen kommen lassen. Geschnittene Gemüse und Gewürze zugeben. Nach dem Aufkochen in etwa 1½ Stunden garen. Fleisch leicht abkühlen lassen und von den Knochen lösen. In Vierecke schneiden, dünn mit Senf bestreichen, erst in Mehl, dann in Ei und zum Schluß in Semmelbröseln wenden. Im heißen Fett backen. Dazu paßt Kartoffelsalat und Remouladensauce.

Karins Gulasch

Zutaten: 1 kg Rindfleisch, 1 kg Gemüsezwiebeln, 1 kleine Dose geschälte Tomaten, 1 grüne Paprikaschote, 2 Karotten, 3 Knoblauchzehen, 1 rohe Kartoffel, 1 Tasse trockener Rotwein, 3 Gemüsebrühwürfel aus dem Reformhaus, Salz, Pfeffer, Rosenpaprika, 2 getrocknete Peperoni, Majoran, Öl und Butter zum Braten.

Die großen Fleischwürfel salzen und in heißem Öl von allen Seiten gut anbraten. In einer großen Kasserolle die grobgeschnittenen Zwiebeln und Karotten und die kleingehackte Paprikaschote in einem Butter-Öl-Gemisch glasig dünsten. Die geschälten Tomaten und etwa ⅛ l Wasser zugeben. Ungefähr 10 Minuten zugedeckt dünsten lassen. Den Fond im Fleischtopf mit ⅛ l Wasser ablöschen und vom Boden ablösen. Sauce und Fleisch zum Gemüse geben. Die zerdrückten Peperoni zufügen. 1 Stunde zugedeckt leicht kochen lassen. Mit Salz, Pfeffer, Paprika, Majoran, Gemüsebrühwürfeln und gepreßtem Knoblauch abschmecken, Rotwein zugeben, aufkochen lassen, die Kartoffel hineinreiben und noch 5 Minuten leicht kochen lassen. Nudeln oder Reis sind als Beilage gleich gut geeignet.

Old Shatterhand und Bossa Nova

Als Lex Barker im Alter von nur 53 Jahren gestorben war, begann bald eine Diskussion darüber, wer der neue Old Shatterhand in den geplanten weiteren Karl-May-Verfilmungen werden würde. Programm- und andere Zeitschriften stellten immer neue Schauspieler zur Wahl.

Ich war, soviel ich weiß, nicht darunter.

Eines Tages erfuhr ich über die Agentur, Marcel Camus – der berühmte Regisseur von Orfeu Negro – sei in München und wünsche mich zu sprechen.

Als ich hinfuhr, hatte ich keine Ahnung, um was es ging. Und als wir uns trennten, schien längst noch nicht entschieden, daß ich den Shatterhand spielen würde.

Ein paar Tage später kam ein Anruf aus der Redaktion der Bild Zeitung:

»Wir gratulieren, Herr Rauch! Sie sind Lex Barkers Nachfolger!«

Mein Agent rief eine Stunde später an:

»Du hast die Rolle, behalt' das aber für dich. Vor allem die Presse soll's noch nicht wissen.«

Ich mußte lachen.

Später, als ich Marcel Camus besser kannte, habe ich ihn nach den Gründen gefragt, die die Entscheidung zu meinen Gunsten beeinflußt haben:

»Favorisiert waren doch ganz andere Leute.«

»Du bist 'reingekommen«, sagte Camus, »hast dich hingesetzt und die Beine übereinandergeschlagen. Da hab' ich gedacht: Das ist er.«

So einfach kann das sein. – Wenn ich mir überlege, was für Klimmzüge ich manchmal gemacht habe, um eine Rolle zu bekommen...

Camus fuhr fort:

»Ich mußte die Entscheidung mit den deutschen Fernsehleuten abstimmen, die die Produktion finanzieren, deshalb habe ich dich gehen lassen, ohne etwas zu sagen. – Deine Landsleute wunderten sich, daß sie nicht selbst darauf gekommen waren, dich für den Shatterhand auszuwählen.«

Ich wunderte mich nicht. Für mich ist es seit Jahren gegebene Tatsache, daß ich im Ausland bekannter und gefragter bin als in meiner Heimat.

Die Dreharbeiten fanden in Mexiko statt, drei Flugstunden nordwestlich der Hauptstadt. Der Staat Durango mit der gleichnamigen Hauptstadt liegt teils in der bewaldeten Sierra Madre, teils im steppenhaften mexikanischen Hochland. Früher kam dort kaum jemals ein Fremder hin. Bis John Wayne sich eine Farm kaufte und anfing, in der Umgebung Filme zu drehen.

Durango wurde zur Filmstadt. Es gibt dort mittlerweile alles, was man für einen zünftigen Western braucht: Ganze Westerndörfer, ausgebildete Pferde, erfahrene Statisten, gute Kameraleute und Techniker und jede Art von Hilfskräften, vor allem aber die unvergleichliche Landschaft mit ihrer unendlichen Weite und ihren bizarren Felsformationen, die längst jedem Western-Fan ein Begriff geworden sind.

Es ist schwierig, eine Rolle von einem anderen Schauspieler zu übernehmen. Sehr schwierig, wenn der andere damit eine solche Popularität erlangt hat wie Lex Barker als Old Shatterhand. Ich habe mich bemüht, es anders zu machen. Auf meine Weise. Im Verlauf der zwei Monate, die wir drehten, wurde ich Old Shatterhand. Anders gesagt: Ich wurde zu einem Mann, der im Freien lebt, meist weit entfernt von jeder Zivilisation. Ich habe bewußt auf deren Annehmlichkeiten verzichtet. – Als die Dreharbeiten zu Ende waren, hatte ich einige Mühe, mich wieder an die Realität zu gewöhnen.

Wir feierten Abschied, das ganze Team. Mein Flug nach Mexiko City und von dort nach Europa war seit drei Wochen gebucht und lange bestätigt. Ich sehnte mich nach Karin und den Kindern und wollte keine Stunde versäumen.

Das Zusammensein würde ohnehin viel zu rasch enden. Denn schon in einer Woche begann die Arbeit an einer TV-Serie in Neuseeland.

»Spiel noch einen Bossa Nova«, bat Marcel Camus. Er liebte diesen südamerikanischen Tanz besonders; vielleicht hatte auch das mit der aus langer Trennung entstandenen Sehnsucht zu tun; Camus war mit einer Südamerikanerin verheiratet.

Ich spielte den letzten Bossa Nova, packte meine Sachen zusammen und ließ mich zum Flughafen von Durango fahren.

Es war höchste Zeit. Ich wollte einchecken, legte mein bestätigtes Tikket vor – und erntete ein Kopfschütteln.

»Nein, für Sie ist kein Platz gebucht, Senor Rauch.«

Ich protestierte. Es half nicht. Sie zuckten einfach die Schultern und beachteten mich nicht mehr.

»Wann geht die nächste Maschine?«

»Morgen früh. Aber die ist ausgebucht. Wir können Sie auf die Warteliste setzen. Nur ...«

»Ja?«

»Auf der Warteliste stehen schon 23 Namen.«

»Wann ist mit Sicherheit ein Platz frei?« Ich schwankte zwischen dumpfer Verzweiflung und heller Wut.

»In drei Tagen, Senor.«

Drei Tage! Drei kostbare Tage! Wenn ich so lange hier festsaß, brauchte ich gar nicht mehr nach Deutschland zu fliegen. Dann mußte ich gleich nach Neuseeland weiterreisen, um den Drehbeginn dort nicht zu verpassen.

»Senor Rauch! Senor Rauch!«

Da wedelte ein Mann aufgeregt – mit meiner Gitarre.

Daß ich sie vergessen hatte, war mir noch gar nicht aufgefallen. Zu meinem Glück vergessen, wie sich zeigte.

Es war der Manager des Hotels, der sich in den Wagen gesetzt hatte und hinter mir hergerast war.

»Wieso sitzen Sie noch nicht im Flugzeug, Senor Rauch?«

Ich erzählte ihm mein Mißgeschick. Er bekam den tückischen Blick, der mir schon früher an ihm aufgefallen war. (Ich hatte jedesmal an Unterwelt denken müssen, an die Mafia – oder wie deren mexikanisches Gegenstück heißt. Der Manager hatte eine besondere, ganz leise Art, mit Schwierigkeiten im Handumdrehen fertigzuwerden. In einem Land, in dem Unzuverlässigkeit und Gleichgültigkeit an der Tagesordnung sind, mußte so etwas nicht nur zu denken geben, sondern die Gedanken auch in eine ganz bestimmte Richtung lenken.)

»Warten Sie einen Augenblick, Senor Rauch«, murmelte er.

Ich sah, wie er den Angestellten der mexikanischen Luftfahrtgesellschaft hinter dem Schalter hervorwinkte. Der Mann gehorchte augenblicklich. Der Manager nahm ihn beim Arm und ging einige Schritte zur Seite. Ich konnte nichts verstehen, aber die Unterhaltung wurde in einem sehr ruhigen, fast freundschaftlichen Ton geführt.

Dann kam der Manager zurück. Er lächelte mich an:

»Gehen Sie jetzt und checken Sie ein, Senor Rauch. Ich wünsche Ihnen einen guten Flug.«

Ich bekam meinen Platz in der Maschine nach Mexiko City, und ich hatte meine Gitarre. Meine private Welt war für diesmal wieder in Ordnung.

Frijoles Rancheros

Zutaten: 250 g schwarze (oder rote oder braune) Bohnen, ½ Dose Maiskörner, 1 El Schweineschmalz, 1 Tl Chilipulver, 1 Blatt Minze, 1 Knoblauchzehe, 1 Zwiebel, Salz.

Bohnen über Nacht einweichen, Wasser abgießen. Mit kaltem Wasser und der kleingeschnittenen Zwiebel aufsetzen. Bei geringer Hitze kochen, bis die Bohnen fast weich sind. Die übrigen Zutaten beigeben und noch etwa 15 Minuten kochen.

Schweinefilet in Bier

Zutaten: 600 g Schweinefilet, 1 große, feingeschnittene Zwiebel, 1 zerriebene Knoblauchzehe, je 1 El Butter und Öl, Rosenpaprika, Salz, ½ l Bier (Export).

Das gesalzene Filet von allen Seiten gut anbraten. Zwiebel, Knoblauch und Paprika mitrösten. Die Hälfte des Biers darübergießen und die Pfanne in das auf 200 Grad vorgeheizte Rohr schieben. Während der ½stündigen Bratzeit immer wieder mit Bratensaft und dem restlichen Bier übergießen. Serviert man das Filet zu Grünem Reis, darf die Sauce nur über das Fleisch gegossen werden. Das Bier läßt den Reis sonst leicht bitter schmecken.

Arroz verde

Zutaten: 350 g roher Reis, 6 grüne Paprikaschoten, 2 El Butter, 2 feingehackte Zwiebeln, 2 geriebene Knoblauchzehen, ¼ l Fleischbrühe, Salz.

Reis 20 Minuten in heißes Wasser legen (das während dieser Zeit nicht erkalten darf). Auf einem Sieb gut abbrausen, bis das Wasser klar bleibt. Gut abtropfen lassen. Entkernte Paprikaschoten im Mixer pürieren. Reis in Butter glasig rösten, Paprikamus, Zwiebeln und Knoblauch zufügen, alles gründlich mischen. Mit Fleischbrühe aufgießen und bei schwacher Hitze fertig kochen. Der Reis soll die Brühe restlos aufsaugen.

Die immergrüne Insel am anderen Ende der Welt

Das Angebot war verlockend und zugleich erschreckend: 26 Folgen einer englischen TV-Serie mit dem Titel »Flying Kiwi« praktisch an einem Stück zu drehen, und das an einem der entferntesten Punkte des Erdballs, in Neuseeland.

Was mich schreckte, war die lange Trennung von der Familie. Im März 1979 sollten die Dreharbeiten beginnen und ohne längere Pause bis Ende September dauern.

Als man mir in den Vertrag schrieb, daß ich zwischendurch auf Kosten der Produktion nach Hause fliegen oder meine Familie kommen lassen dürfe, unterzeichnete ich.

Ich spielte einen verwitweten Archäologie-Professor mit zwei Teenager-Töchtern, der die Maori-Kultur erforscht. Die Arbeit ging gut voran. Die erste mehrtägige Drehpause nutzte ich dann gleich, um nach Hause zu fliegen.

Kaum war ich zurück, da rief ich in Deutschland an und sagte zu Karin: »Du mußt herkommen. Und die Kinder bringst du mit!«
»Wie stellst du dir das vor? Soll ich Benedikt aus der Schule nehmen?«
»Ja.«
»Das ist ganz ausgeschlossen!« sagte Karin.

Als die Pfingstferien begannen, kam sie mit den beiden Buben; im Gepäck alles, was sie brauchte, um Benedikt selbst zu unterrichten. Glücklicherweise liegen in Bayern zwischen den Pfingst- und den Sommerferien nur ungefähr sechs Wochen Unterricht ...

Mittlerweile hatte ich jede freie Minute darauf verwandt, ein Häuschen am Strand zu finden. Der neuseeländische Sommer ging zu Ende, die Regenzeit begann, aber sie ist sehr erträglich, mit kürzeren und längeren regenlosen Perioden durchsetzt und von frühlingshaften Temperaturen.

Fündig wurde ich schließlich in unmittelbarer Nachbarschaft meiner Behausung. Das Hotel in dem ich wohnte, hatte zur Erweiterung ein angrenzendes Grundstück gekauft. Im Moment stand noch ein altes Haus darauf. Es trug den Namen »Mon Désir« und war vollkommen leer.

Der Hotelmanager schüttelte den Kopf, als er von meinem Wunsch hörte. Aber schließlich half er mir mit ein paar Möbeln aus dem Lager. Was ich dort nicht fand, kaufte ich (und verschenkte es später, als wir auszogen).

Ich war ganz stolz auf unser Heim für die nächsten Monate. Es verfügte über einen offenen Kamin und bot einen wunderbaren Blick aufs Meer hinaus. Der Strand war zehn Meter entfernt. Dusche und Küche waren auch vorhanden – was wollten wir mehr?

Karin und die Kinder sollten in Singapur ein Stopover machen und sich richtig ausschlafen, um besser mit dem Zeitunterschied fertigzuwerden. Aber sie flogen ohne Zwischenstop, und so waren vor allem die Kinder anfangs total durcheinander.

Mitten in der Nacht wachten sie auf und gaben keine Ruhe, bis sie auch uns den Schlaf ausgetrieben hatten.

»Wir haben Hunger!«

Karin bot ihnen Kekse, Obst, belegte Brote an. Vergeblich.

»Wir wollen *richtig* essen!« Ihre innere Uhr signalisierte Mittag. Was blieb uns übrig? Wir kochten und aßen nachts um halb zwei.

Tagsüber waren Benedikt und Jakob müde und für nichts zu interessieren. In der zweiten Nacht sparten wir uns alle Diskussionen, und Karin stellte sich gleich an den Herd.

Unsere Söhne lernten durch die Praxis eine Menge über Zeitzonen und ihre Bedeutung. Und hatten dabei viel Spaß.

Erst nach einer Woche war die Umstellung beendet; Kinder sind offenbar sehr viel stärker auf ihren Tag-und-Nacht-Rhythmus fixiert als wir Erwachsenen.

Ich hatte anstrengende Tage und war nachts todmüde, aber davon wollten Jakob und Benedikt nichts wissen. Sie akzeptierten auch nicht, daß ich keinen Hunger hatte. Ich mußte aufstehen und mich mit ihnen an den Tisch setzen. Und hinterher mit an den nachtdunklen Strand gehen, um dort zu toben ...

Die große Attraktion an den Wochenenden war das Wasserflugzeug. Zuerst glaubten die Kinder an einen Scherz, als ich sagte:

»Wir müssen die Koffer packen, das Flugzeug kommt gleich.«

Aber dann tauchte die kleine Maschine schon über dem Horizont auf und wasserte und fuhr Räder unter den Schwimmern aus, mit denen sie bis unmittelbar vor unser Häuschen rollte, damit wir einsteigen konnten, ohne uns die Füße naßzumachen.

Es war keine kostspielige Angelegenheit, eines dieser kleinen Flugzeuge für einen solchen Trip zu chartern. Natürlich konnte man auch vom Flugplatz Aucklands starten, aber es war eben viel lustiger, sich für ein paar Dollar mehr an der Haustür abholen zu lassen.

So verluden wir immer wieder Koffer, Spielsachen und Angelgerät und ließen uns zu einer kleinen Insel bringen, die über eine wunderschöne, große Bucht verfügte und über eine einzige Pension mit zehn oder zwölf Zimmern. Es gab dort für Beni und Jakob die abenteuerlichsten Spiele zwischen uralten Bäumen, Felsen und weitem Sandstrand. Wir fingen gemeinsam riesige Krebse – und setzten sie wieder ins Wasser, weil die Kinder unglücklich gewesen wären, wenn wir sie getötet und aufgegessen hätten.

Kulinarisch ist Neuseeland ein ziemlich weißer Fleck auf der Landkarte. Das ist eigentlich unverständlich, denn das Land bietet die besten Grundstoffe in Fülle und zu uns Europäern lächerlich scheinenden Preisen. Jeder weiß, daß eine Küche nur so gut sein kann wie die Zutaten, die sie verwendet. So gesehen vergeuden die Neuseeländer große Möglichkeiten.

Die wenigen ausländischen Restaurants von Auckland waren ständig überlaufen. Nachdem Karin sich eingewöhnt hatte, begannen wir deshalb, Kollegen und Einheimische zu uns einzuladen. Den Einheimischen gingen schier die Augen über, als sie merkten, was alles man aus einer Lammkeule, aus einem Stück Schwein, aus einem Rinderfilet machen kann. Sie faßten es nicht.

Weshalb die tierischen Rohstoffe so unvergleichlich gut sind, ist rasch erklärt. Das Vieh frißt nur Gras, das nie gedüngt wird, das von Januar bis Dezember grün ist. Besonders auf den Geschmack von Lamm und Hammel wirkt sich die Nähe des Meeres aus. Die Steaks sind noch besser als in Amerika, was etwas heißen will. Und der fangfrische Fisch – einfach phantastisch!

Kinder – die Erfahrung habe ich bei meinen Buben gemacht – reagieren besonders empfindsam. Zu Hause hatten sie nie sehr gern Fisch gegessen. In Neuseeland konnten sie nicht genug bekommen. Lag wirklich mal ein Stück über Nacht im Kühlschrank (und war nach unseren deutschen Begriffen immer noch superfrisch), rümpften Benedikt und Jakob schon die Nasen.

Sieben Monate Dreharbeit streßten ungeheuer; die Wochenenden dieser sieben Monate genügten aber bei weitem nicht, Land und Leute wirklich kennenzulernen. Immerhin gewann ich einige Einblicke in Kultur und Bräuche der Maori.

Auf der südlichen (einsameren) Insel gibt es einen besonders grausamen Brauch. Dort, wo in der menschenleeren Einsamkeit des Berglandes jeder auf jeden angewiesen ist, werden Verbrecher dadurch abgestraft, daß niemand mehr mit ihnen spricht.

Keine menschlichen, keine sozialen Kontakte mehr: Das führt innerhalb kürzester Zeit in den meisten Fällen in Verzweiflung und Tod.

Die Maori sind abergläubisch und sensibel. Anfangs verliefen die Dreharbeiten vollkommen störungsfrei, aber nach zwei, drei Monaten kam es zu den bei einem solchen Mammutunternehmen unvermeidlichen Spannungen und Reibereien. Während wir Profis das als gegeben hinnahmen und versuchten, die Auswirkungen auf unsere Arbeit so gering wie möglich zu halten, gab es unter den Eingeborenen irrsinnige Krisen, die in Kampf und Krieg zu eskalieren drohten.

Ich nutzte die Tatsache, daß ich von Anfang an besonders gut mit allen ausgekommen war. Sie mochten mich, hatten Vertrauen und akzeptierten mich als unparteiischen Schiedsrichter. So gelang es, immer wieder für Frieden zu sorgen. Zum Abschied schenkten mir die Maori einen Green Stone. Das ist ein kultischer Gegenstand von hoher Bedeutung: Der von Hand polierte Stein erhält seine Kraft dadurch, daß ihn ein Mann während einer nächtlichen Totenwache bei sich trägt.

Ich habe den Green Stone zu Hause. Er bewahrt mich vor bösen Geistern. Vielleicht wäre ich nicht erblindet, wenn ich ihn mit nach Rom genommen hätte ...

Auch wenn die Küche Neuseelands eher dürftig ist, habe ich doch einige Rezepte zu sehr schmackhaften Gerichten mitgebracht:

Bacon-and-Egg-Pie

Zutaten: 175 g Blätterteig, 100 g Schinkenspeck in Scheiben, 6 Eier, 1 geröstete Zwiebel, 1 Bund gehackte Petersilie, wenig Salz.

Gut die Hälfte des Teigs ausrollen. Boden und 2 cm des Randes einer Springform damit bedecken. Mit Schinkenspeck auslegen und die Eier darauf aufschlagen, so daß das Eigelb unverletzt bleibt. Die geröstete Zwiebel, Salz und Petersilie drüberstreuen. Den restlichen Teig ausrollen und einen Deckel formen. Bei 200 Grad 30 bis 40 Minuten backen.

Carpet-Bag-Steak

Zutaten: 4 dicke Rumpsteaks, 1 Zwiebel, 100 g Tatar, 1 Eigelb, 100 g roher Schinken, 150 g frische Champignons, 1 El gehackte Petersilie, Salz, Pfeffer, Öl und Butter zum Braten.

In die Rumpsteaks vom Metzger Taschen schneiden und leicht klopfen lassen. Zwiebel fein hacken. Schinken in kleine Würfel, Champignons in dünne Scheiben schneiden. Butter in der Pfanne erhitzen, Zwiebel goldgelb dünsten, dann den Schinken dazugeben, etwas ausbraten lassen und nun die Champignons zufügen. Unter Rühren so lange dünsten, bis alle Flüssigkeit verdampft ist. Petersilie unterrühren und auskühlen lassen. Tatar mit Eigelb, Pfeffer und Salz verkneten und unter die Füllung mischen. Die Steaks mit der Masse füllen und mit Rouladennadeln verschließen. In heißem Öl von beiden Seiten kräftig braten. Salzen und pfeffern. Beilagen: Reis oder Stangenbrot und Salat.

Neuseeländisches Hochzeitsdessert

Zutaten: 5 Eiweiß, ¼ Tl Salz, 1 Tl Vanille, 1 Tl Essig, 200 g feiner Zucker, 3 Tl Speisestärke, ½ l süße Sahne, insgesamt 500 g Früchte: Erdbeeren, Kiwi und Passionsfrüchte.

Eiweiß mehrere Stunden bei Raumtemperatur stehenlassen. Zusammen mit Salz, Vanille und Essig sehr steif schlagen. Unter langsamem Weiterschlagen Zucker und Speisestärke zugeben. Die Masse auf ein mit gefettetem Papier ausgelegtes Blech geben. In der Mitte eine Mulde bilden. Bei 80 bis 100 Grad 1 Stunde backen und eine weitere Stunde im Rohr abkühlen lassen. Sahne schlagen und in die Mulde füllen, die geschnittenen Früchte daraufgeben.

Von Neuseeland flogen wir – die Kinder kamen so zu ihrer ersten Weltumrundung – über Hawaii und die USA nach Hause. Leider war die Zeit so knapp, daß wir auf Hawaii nur ein Stopover machen – und einmal gut essen konnten. In Erinnerung geblieben sind mir ein Drink, der die Zeit bis zum ersten Gang vertrieb, ein Fischgericht und eine Sauce, die zu Fleisch und Fisch paßt.

Hawaii-Bowle

Zutaten: 4 Ananas, 12 Eiswürfel, 16 cl Rum, ½ l Kokosmilch, aus der Büchse oder selbst hergestellt (siehe Rezept für Schweinefleisch-Curry auf S. 32), 4 eingelegte Kirschen, 4 Lotosblüten, ersatzweise andere Blüten, die sich zum Verzieren eignen, 4 Stengel Pfefferminze.

Von den Ananas Deckel abschneiden, das Fruchtfleisch herausholen. Unterseiten vorsichtig glattschneiden, so daß die Früchte stehen. Fruchtfleisch auspressen, den Saft mit Kokosmilch auf einen Liter auffüllen. Eiswürfel in die Ananas geben. Rum aufgießen und mit dem Saftgemisch auffüllen. Mit Kirsche, Lotosblüte und Pfefferminze garnieren und mit Strohhalm servieren.

Heilbutt mit Ananas

Zutaten: 4 Heilbuttschnitten, Salz, 1 große Zwiebel, 2 El Butter, 30 g Mehl, Curry nach Geschmack, 4 Scheiben gehackte Ananas, ½ Zitrone, Pfefferkörner.

Heilbuttschnitten in etwas Salzwasser, dem die Pfefferkörner und die in Scheiben geschnittene Zwiebel beigefügt sind, gar ziehen lassen. Butter in einem Topf erhitzen, Mehl hinzufügen und mit Fischsud ablöschen. Mit Curry abschmecken, Ananas hinzugeben. 5 bis 10 Minuten sanft kochen und die Heilbuttschnitten in der Sauce noch kurz ziehen lassen. Beilage: Reis.

Mangosauce

Zutaten: 2 grüne Mangos, 2 große Zwiebeln, 1 rote Paprikaschote, Currypulver, Ingwerpulver, Salz und Pfeffer, Öl, Fleischbrühe.

Mangos und Zwiebeln würfeln, Paprika feinhacken und alles zusammen in Öl weichdünsten, wenig Fleischbrühe zugeben und zugedeckt zehn Minuten leicht kochen lassen. Mit Curry, Ingwer, Salz und Pfeffer abschmecken und zu Huhn, Schweinefleisch, Shrimps und dergleichen servieren.

Blind in Rom

Die Italiener sind liebenswerte Menschen. Ich mag ihre Unbekümmertheit, die viele scheinbar übermächtige Probleme auf ihr wahres Maß reduziert.

Leider schlägt das manchmal in Nachlässigkeit um, auch bei den Sicherheitsbestimmungen, ohne die eine so hochtechnisierte Angelegenheit wie das Filmen nicht auskommt.

Mich hätte italienische Nonchalance um ein Haar das Augenlicht gekostet.

Eigentlich hatte ich den Science-fiction-Film gar nicht machen wollen. Aber ein Teil der Außenaufnahmen sollte in Kolumbien gedreht werden. Das reizte mich.

Zuerst drehten wir in und bei Rom. Für die Studioaufnahmen wurde ungewöhnlich viel Licht von besonderer Zusammensetzung gebraucht. Das war wie Höhensonne ohne Schutzbrille. Und niemand, der mich warnte.

Abends im Hotel bekam ich plötzlich irre Schmerzen. Es war, als würden meine Augen von glühenden Dolchen durchbohrt.

Mitten in der Nacht schaltete ich das Licht ein – und sah nichts. Nur einen schwachen Schimmer.

Ich war blind!

Nachdem ich die erste, furchtbare Angst in den Griff bekommen hatte, ertastete ich das Telefon und zählte die Löcher an der Wählscheibe ab, um eine Verbindung mit dem Nachtportier herzustellen, dem einzigen greifbaren Menschen.

»Was soll ich machen, Signore?« fragte er ratlos.

»Ich brauche einen Arzt!«

»Um diese Zeit?«

»Es muß doch in Rom Ärzte geben, die Nachtdienst haben!«

»O doch, ja. – Aber ob wirklich einer kommt?« Er schien keine sehr guten Erfahrungen mit seinen Landsleuten gemacht zu haben.

Glücklicherweise fiel ihm ein, daß es in der Nähe eine Augenklinik gab.

Er rief ein Taxi und kam herauf, um mir beim Ankleiden zu helfen. Er brachte mich zum Wagen und übergab mich in die Obhut des Fahrers.

Wie hilflos ein Mensch ohne Augenlicht ist! Schon die einfachsten Verrichtungen werden zum Problem. – Und als ich endlich im Taxi saß, fühlte ich mich ausgeliefert wie nie zuvor in meinem Leben.

In der Klinik geriet ich zunächst an einen Portier und erst nach einer ganzen Weile an einen Arzt. Der hörte mich an und stimmte meiner Vermutung zu, daß die Blindheit mit dem überstarken Studiolicht zu tun haben könnte.

»Zuviel UV-Strahlen, Signore.«

Ich wagte kaum zu fragen:

»Werde ich je wieder sehen?«

Warum ließ er sich soviel Zeit mit der Antwort? Weil er die Lüge erst formulieren mußte?

»O doch. Natürlich werden Sie wieder sehen. Machen Sie sich keine Sorgen.«

Das klang wie der nackte Hohn!

Ich bekam Augentropfen. Weiter könne er nichts für mich tun, sagte der dottore. Das Taxi brachte mich ins Hotel zurück.

Am nächsten Morgen suchte mich ein sehr besorgter Produzent auf. Ich will annehmen, daß er sich wirklich um mich sorgte – und nicht nur um seinen Film.

Er war ganz geknickt, als er hörte, was – vermutlich – der Grund für mein Erblinden war. Er rief alle paar Stunden an, um sich nach dem Stand der Dinge zu erkundigen.

Wie gerne hätte ich mit Karin und den Buben telefoniert. Aber ich traute mich nicht. Ich hatte Angst, mich zu verraten. Und solange nicht feststand, was wirklich mit meinen Augen los war, wollte ich niemanden beunruhigen.

Der Arzt kam, gab mir Tropfen und verschwand wieder.

Nach zwei Tagen besserte sich mein Zustand. Ich sah zuerst verschwommene Bilder. Sie wurden klarer und klarer, aber ich wagte kaum, irgendetwas scharf anzusehen, aus Angst, die eben erst zurückgewonnene Sehkraft dadurch aufs Spiel zu setzen.

Der Produzent stieß einen Seufzer aus, als er hörte, daß ich am nächsten Tag weiterdrehen würde.

»Wir decken das Licht ab!« versprach er. »Wir tun alles, um Sie nicht mehr zu gefährden!«

Inzwischen hatte ich mit Karin telefoniert, und natürlich hatte sie mir angemerkt, daß etwas nicht stimmte.

Zwölf Stunden später war sie in Rom.

Ich beruhigte sie. Ich erzählte ihr von den Beteuerungen des Produzenten: Welche Sorgen der sich um mich gemacht hatte und daß die Gefahr ganz bestimmt ausgeschaltet würde.

In der Praxis sah das anders aus. Beim Drehen waren die überstarken Scheinwerfer unerläßlich. Andernfalls hätte die ganze Konzeption geändert werden müssen.

Auf die Idee, mir eingefärbte Kontaktlinsen zu verpassen, kam leider niemand. Ich auch nicht.

Der zweite Anfall war heftiger als der erste. Die Schmerzen schienen unerträglich. Ich war abermals vollkommen blind.

Als ich nachts in die Augenklinik kam, war der Arzt, der mich behandelt hatte, nicht da. Ein anderer verabreichte mir die Augentropfen und sprach von Verbrennungen. Am nächsten Tag geriet ich an den dritten Arzt, der ebenso heftig wie vergeblich nach dem von seinem Kollegen angefertigten Krankenblatt suchte.

Ich überwand auch die zweite Phase dieser temporären Blindheit. Aber als ich dann wieder sehen konnte, reagierten meine Pupillen nicht mehr auf unterschiedliches Licht. Sie blieben vollkommen starr. Ich konnte nicht lesen, und alles blieb verschwommen.

Einen Tag später sollte ich nach Kolumbien fliegen. Ich suchte noch einmal den ersten der Ärzte auf, die mich behandelt hatten.

Wie sich herausstellte, hatte der letzte Kollege mir ein Medikament verabreicht, das die Wirkung des ersten aufhob. Mehr noch, die Kombination hatte zu einer Art Schock geführt.

»Jetzt sehen Sie nur verschwommen, aber in einer Woche müssen Sie wieder normal sehen«, sagte der Arzt.

Müssen, sagte er. Nicht *werden.*

Tatsächlich konnte ich sechs Tage später wieder lesen. Aber seither habe ich Schwierigkeiten mit sehr kleiner Schrift.

Berufsrisiko. Von den Ärzten, die ich seither konsultiert habe, bekam ich gutgemeinte, aber vergebliche Ratschläge. Auch den, die Produktionsgesellschaft zu verklagen. Das wäre wohl noch sinnloser als das stundenlange Augenmuskel-Training mit ständigem Wechsel zwischen Fern- und Nah-Sehen ...

Als ich blind war, freute mich nichts mehr. Auch der Gedanke an eine gute Mahlzeit konnte mich nicht aus meiner tiefen Depression befreien. – Aber vorher hatte ich in Rom einige köstliche Rezepte aus verschiedenen italienischen Regionen gesammelt:

Fenchel mit Eiern und Oliven

Zutaten: 4 Fenchelknollen, 1 Zitrone, 3 hartgekochte Eier, 8 schwarze Oliven, 1 Sardellenfilet, 1 Tl Senf, 5 El Olivenöl, 3 El Essig, Salz, Pfeffer, 1 Prise Zucker.

Zubereitung der Fenchelknollen wie im Rezept für Überbackenen Fenchel. Eier und Oliven fein hacken. Sardellenfilet durch die Knoblauchpresse drücken oder ebenfalls sehr fein hacken. Aus Eiern, Oliven, Essig, Öl, Salz, Pfeffer, Sardelle, Senf und Zucker eine Sauce vinaigrette rühren und über den noch heißen Fenchel gießen. Mehrere Stunden, besser einen ganzen Tag durchziehen lassen.

Manzo con cipólle

Zutaten: 750 g Rinderlende oder gut abgehangener Rinderbraten, 5 große Zwiebeln, 2 bis 3 Zitronen, Püree aus 1 kg Kartoffeln, Semmelbrösel, 2 El Butter, Salz, Pfeffer, Olivenöl.

Fleisch in halbzentimeterdicke mundgerechte Stücke schneiden. In einer Schüssel mit Salz, Pfeffer, Saft von 1 bis 2 Zitronen und dem Olivenöl (das das Fleisch bedecken soll) mehrere Stunden marinieren. (Bei weniger gut abgehangenem Fleisch über Nacht stehen lassen.) Ein etwas festeres Kartoffelmus als gewöhnlich bereiten. Zwiebeln in dünne Ringe schneiden und in Butter goldgelb dünsten. Leicht salzen. Eine gefettete Auflaufform abwechselnd mit dem etwas abgetropften Fleisch und den Zwiebeln füllen. Obenauf das Kartoffelmus geben, mit Semmelbröseln bestreuen und mit Butterflöckchen belegen. Bei 225 Grad auf der untersten Schiene im Rohr etwa 45 Minuten bis 1 Stunde garen. Den restlichen Zitronensaft zum Nachwürzen auf den Tisch bringen.

Lammschlegel mit Tomaten und Rosmarin

Zutaten: 1 Lammschlegel, 1 kleine Dose geschälte Tomaten, 4 Knoblauchzehen, Pfeffer, Salz, Rosmarin, Öl, ⅛ l Fleischbrühe.

Schlegel salzen und pfeffern und von allen Seiten in heißem Öl anbraten. Bei 225 Grad ins Rohr schieben. Wenn der Braten Farbe angenommen hat, seitlich etwas Flüssigkeit angießen. Ab und zu mit dem Bratensaft begießen. Die zerdrückten Tomaten samt Tomatensaft mit dem gepreßten Knoblauch, Rosmarin, Salz und Pfeffer vermengen. Nach 1 Stunde Garzeit über den Braten geben und unter mehrmaligem Begießen noch ½ Stunde weitergaren.

Karneval im Gefängnis

In Kolumbien war Karneval, ein bedrückender Karneval in unguter Atmosphäre. Symptomatisch schien, daß unser Hotel ein umgebautes Gefängnis war.

Ein ganz fabelhaftes Hotel, luxuriös angelegt, mit Schwimmbad im Innenhof, gut bestückten Bars, feudalen Suiten.

Und doch ein Gefängnis.

Überall traf man auf Militär und Polizei. Dazu brauchte man sich keinen Meter aus dem Hotel zu entfernen.

Abends, wenn im Innenhof und allen Sälen gefeiert wurde, konnte man sich einbilden, Soldaten und Polizisten gehörten zu den Maskierten.

Mir fehlte dazu die Phantasie.

Der Lärm der Feiernden dauerte oft bis weit nach Mitternacht. Wenn ich nicht einschlafen konnte, zog ich mich an und ging hinunter, wie auch an diesem Abend.

Ich nahm einen Drink an der Bar und einer der herumstehenden Polizisten betrachtete sich als eingeladen. Er revanchierte sich mit guten Ratschlägen:

»Falls Sie eine Tasche tragen, tragen Sie sie immer auf der Häuserseite.«

»Ich hab' keine Tasche. Und Geld hab' ich ohnehin nie dabei.«

»Kein Geld?«

»Nein.«

»Sehr unklug! Sie müssen wenigstens 40 Dollar mitnehmen.«

»40 Dollar? Wozu?«

»Wenn Sie weniger oder gar nichts dabei haben, werden die Gauner sehr böse und schlagen Ihnen den Schädel ein. Sie sind dann sauer, verstehen Sie?«

Ich verstand und hatte von da an ein noch schlechteres Gefühl. Unser Team schien einen zuverlässigen Schutzengel zu haben. Soviel ich weiß, ist keinem von uns etwas Ernstliches zugestoßen.

Ein anderer Polizist warnte mich vor dem organisierten Verbrechen:

»Mafia, verstehen Sie? So heißt das doch auch bei euch in Europa, oder?«

»Mir hat man gesagt, vor dem organisierten Verbrechen braucht sich kein Fremder zu fürchten. Wer der Mafia nichts tut, dem tut sie auch nichts.«

»Und kein vernünftiger Mensch will der Mafia etwas tun.« Er nickte. »Sie haben nichts von dem Spaziergänger gehört, Senor?«

»Spaziergänger?«

»Ja. Er ging am Strand spazieren, nach einer guten Mahlzeit. Er machte einen Verdauungsspaziergang. – Gibt es etwas Harmloseres als einen Verdauungsspaziergang?«

Ich schüttelte den Kopf.

»Er sah, wie ein Lastwagen an den Strand fuhr und ein Fischerboot anlegte. Und dann sah er noch, wie Kisten vom Lastwagen auf das Boot umgeladen wurden. Er hatte keine Ahnung, was die Kisten enthielten, und es interessierte ihn auch nicht.«

»Rauschgift?« fragte ich.

Der Polizist nickte.

»Der Strandspaziergänger wollte der Mafia bestimmt nichts tun, aber er war halt Zeuge. Und so haben sie ihn umgelegt.«

Er schloß mit dem guten Rat, niemals und von nichts Zeuge zu sein. Leider verriet er mir nicht, wie man das macht.

Am nächsten Tag wollte mich jemand davon überzeugen, ich müsse unbedingt Smaragde kaufen. Tatsächlich besitzt Kolumbien in Muzo das reichste Smaragdvorkommen der Welt. Und wer geschickt ist, kauft die grünen Steine dort zu einem Bruchteil des Weltmarktpreises.

»Setzen Sie 20000 US-Dollar ein, Senor, und Sie machen ein Vermögen!«

Ich lehnte ohne Zögern ab. Selbst wenn ich das Geld gehabt hätte, wäre ich nicht so leichtsinnig gewesen, als Fremder und Greenhorn ausgerechnet in Kolumbien ein so riskantes Geschäft zu versuchen.

Ich sah einen Jungen, der vor dem Hotel Zigaretten verkaufte. Er war stolz auf seinen Job und irgendwie glücklich. Er hatte einen Job fürs Leben, und in den Augen der meisten seiner Landsleute keinen schlechten.

Die grenzenlose Gleichgültigkeit, die alle und jeden beherrscht, kriegt man jeden Tag zu spüren. Ich bekam kurz vor dem Ende der Dreharbeiten noch einen Beweis für diese Gleichgültigkeit. Auf harmlose, aber typische Art:

Ein Einheimischer sollte mich – in einem riesigen amerikanischen Wagen – vom Hotel abholen und zum Drehort bringen. Wir fuhren über die Autobahn. Nach 40 oder 50 Kilometern stoppte er auf dem rechten Fahrstreifen, wandte sich um und fragte:

»Wohin, Senor?«

»Zum Drehort natürlich.«

»Wo ist der Drehort?«

»Das weiß ich doch nicht. Sie sind der Fahrer.«

Er zuckte die Achseln.

»Sie wissen's nicht?«

»Nein.«

»Aber wieso nicht?«

»Man hat mir gesagt: Zur Autobahn und nach Süden. So bin ich gefahren. Vom Drehort weiß ich nichts.«

Ich gab mir alle Mühe, aber wir kamen nicht weiter. Der Fahrer war auch zu gleichgültig, wirklich nach einem Telefon zu suchen, als ich sagte, wir wollten mit dem Produktionsleiter telefonieren. Und ich hatte keine Lust, in einem mir vollkommen unbekannten Zipfel des fremden Landes Experimente zu veranstalten.

Nach zweieinhalb Stunden waren wir wieder im Hotel, und der italienische Produktionsleiter tobte und raufte sich die Haare: Ein verlorener halber Drehtag! Was das kostete!

Es interessierte mich nicht. Irgendwie begann die Lethargie, die hier an allen Ecken und Enden zu spüren war, auch mich schon anzustecken.

Aus Kolumbien habe ich ein pikantes Frühstück (das nach langen Nächten besonders gut schmeckt), ein Fleischgericht und zwei Desserts mitgebracht:

Huevos Perico

Zutaten: 8 Eier, 4 Tomaten, 2 grüne Paprikaschoten, 2 Zwiebeln, Salz, Pfeffer, Petersilie, Butter.

Tomaten, Paprika und Zwiebeln ganz fein hacken, mit den Eiern vermischen, würzen und wie Rührei braten. Mit gehackter Petersilie bestreuen.

Hammelrücken am Spieß

Zutaten: 2 kg Hammelrücken, Salz, Pfeffer, 4 El Worcestershiresauce, 1 Spritzer Tabascosauce, 1 geriebene Zwiebel, 2 gepreßte Knoblauchzehen, Öl, Paprika.

Das Fleisch auf dem Rücken halbzentimetertief einschneiden, pfeffern, salzen und so auf den Spieß stecken, daß der sich gleichmäßig dreht. Aus Worcestershiresauce, Tabascosauce, Zwiebel, Knoblauch, Salz, Pfeffer und Paprika eine Sauce rühren und das Fleisch damit bestreichen. Anschließend mit Öl bepinseln. Beides während des Bratens über Holzkohlenfeuer öfter wiederholen. Nach einer Stunde ist das Fleisch außen knusprig und innen rosarot.

Bananenauflauf

Zutaten: 6 Bananen, 2 El Butter, 500 g Sahnequark, ¼ l süße Sahne, 1 Prise Zimt, 80 g Zucker.

Bananen der Länge nach teilen. In Butter ganz leicht anbraten. Quark mit etwas Sahne und Zucker schaumig schlagen und mit Zimt würzen. Eine feuerfeste Form fetten und schichtweise mit Bananen und Quark füllen. Mit der restlichen Sahne übergießen und im vorgeheizten Rohr bei 200 Grad in ungefähr 20 Minuten hellbraun backen.

Bien Me Sabe

Zutaten: 10 Eiweiß, 1 Glas Himbeergelee, 200 g frische Himbeeren.

Eiweiß ganz steif schlagen, Gelee unterziehen, eine halbe Stunde kaltstellen und vor dem Servieren mit frischen Himbeeren garnieren.

Jacky, der Star der Familie

So gern ich reise, zwischendurch kommt mir eine Film- oder Fernseharbeit gerade recht, die es mir erlaubt, abends nach Hause zu fahren. Denn nirgendwo bin ich so gern wie bei meiner Familie.

Vielleicht beeinflußt das meine Entscheidung für oder gegen eine Rolle manchmal zu sehr. Vielleicht hätte ich den einen oder anderen Film besser nicht gemacht, im Hinblick auf meinen Ruf, meine Karriere.

Ich gebe zu, solche Überlegungen sind mir ziemlich fremd.

Überhaupt: Karriere ...

Ich übe meinen Beruf so professionell wie möglich aus. Das ist selbstverständlich. Aber an erster Stelle bin ich Mensch und Ehemann und Vater. Dann erst kommt die Schauspielerei.

Meine Tage sind immer ausgefüllt, ob ich arbeite oder zwischen zwei Rollen eine Pause einlege. Langeweile mag schon mal aufkommen, wenn Dreharbeiten sich endlos hinziehen, wenn es aus irgendeinem Grund nicht vorwärtsgeht und ich Stunde um Stunde auf eine bestimmte Einstellung warten muß, auf die ich mich innerlich längst eingestellt habe.

Zu Hause sorgen schon Benedikt und Jakob dafür, daß ich mich nicht langweile. Sie sind immer in irgendwelche Abenteuer verstrickt, haben immer Pläne und Probleme, bei deren Verwirklichung oder Lösung der Vater gebraucht wird.

Und wenn es nur darum geht, eine verlorene Zahnspange zu suchen. Von einem Ende des Dorfs bis zum anderen ...

Auf Trab hält uns auch ein Haushaltsmitglied, von dem bisher nicht die Rede war: Jacky.

Jacky ist ein sehr eigenwilliger Charakter. Im Grunde hält er unser Haus für sein Haus, in dem er uns allenfalls duldet. Bei Gästen ist er nicht immer und unbedingt so großzügig.

Eine Mücke kann Jacky ebenso aus der Fassung bringen wie ein Jagdhund. Er bringt auch schon mal einen Regenwurm mit – oder ein Fischskelett.

Jacky ist unser Kater. Unter seinen Vorfahren muß auch ein hochwohlgeborener Perser gewesen sein. Aber glücklicherweise hat Jacky alle liebenswerten Eigenschaften eines richtigen Hauskaters und nicht die Makken seiner vornehmen Verwandtschaft.

Ziemlich kompliziert ist allerdings sein Verhältnis zu Mäusen. Im Hof, auf der Tenne und im Stall jagt und erlegt er sie, wie sich das gehört.

Unsere Küche hingegen scheint ein Ort mit besonderem Status zu sein.

Wir saßen mit Freunden um den großen Tisch und aßen, als von der einen Seite eine Maus in die Küche kam und von der anderen Seite Jacky.

»Fang' sie!« verlangte Karin. »Fang' die Maus, Jacky!« Sie klang ein bißchen nervös.

Jacky beäugte das winzige Geschöpf, das da vor dem Herd zierlich auf den Hinterbeinen stand und mit den Vorderpfoten seinen Bart zwirbelte.

Fangen mochte er sie aber vorläufig nicht.

»Was ist jetzt das für ein Kater!«

»Ihr füttert ihn zu gut.«

»Ach, der ist einfach faul.«

»Vielleicht *mag* er Mäuse«, kicherte jemand.

Plötzlich machte Jacky doch einen halbherzigen Versuch, das Mäuschen zu fangen. Es entging ihm mühelos und verschwand hinter dem Holzkorb.

Wir widmeten uns – draußen war's kalt – dem deftigen, kalorienreichen Mahl, und Jacky rollte sich an einem seiner Lieblingsplätze zusammen, nicht weit entfernt von der Schüssel, die noch einen Rest seines Abendmahls enthielt.

Als das Besteckklirren und die Tischgespräche zufällig für eine Sekunde verstummten, hörten wir ein ganz zartes Schmatzen. Ich drehte mich um – und da stand das Mäuschen tatsächlich an Jackys Schüssel und fraß, während unser Kater dicht daneben lag, seinen dicken Kopf auf die Vorderpfoten gebettet hatte und friedlich schlief.

Unsere Gäste lachten so schallend, daß Jacky hochschreckte und vorwurfsvoll zum Tisch herübersah. (Können Kater die Stirn runzeln? Nein?

Bei Jacky sieht's jedenfalls manchmal so aus.)

Die kleine Maus ließ er auch diesmal großmütig entkommen.

Hier die Rezepte der bayerischen Schmankerln, die Karin servierte:

Braune Bohnensuppe

Zutaten: 1 kg grüne Bohnen, 200 g Butter, 3 Gemüsebrühwürfel aus dem Reformhaus, 2 gehäufte El Mehl, 1 l Wasser, 4 El Essig, Salz, Pfeffer, Bohnenkraut.

Bohnen abziehen, in Stücke schneiden und in 1 l Salzwasser nicht zu weich kochen. 2 El Butter in einem großen Topf gut erhitzen und das Mehl darin mittel- bis dunkelbraun rösten. Mit heißer Bohnenbrühe unter ständigem Rühren auffüllen. Gemüsebrühwürfel, Essig, Bohnenkraut und Bohnen zugeben. Mit Salz und Pfeffer abschmecken und noch einmal aufkochen lassen.

Ein paar gute Esser unter unseren Gästen ließen sich die Suppe mit einem der als Beilage zum Hauptgericht gedachten Semmelknödel anreichern, was sehr gut schmeckt – aber auch sehr satt macht.

Semmelknödel

Zutaten: 10 in dünne Scheiben geschnittene Semmeln vom Vortag, 1 große Zwiebel, 7 Eier, 1 El Butter, ⅛ l Milch, Salz, Pfeffer, Muskat, 1 Bund Petersilie.

Semmelscheiben (in Bayern sagt man dazu Knödelbrot) in eine große Schüssel geben. Eier, Gewürze und die kleingewürfelte, glasig gedünstete Zwiebel dazugeben. Während des Knetens nur soviel von der lauwarmen Milch dazugießen, daß ein fester Teig entsteht. 8 Knödel formen und in viel kochendes Wasser geben. Hitze reduzieren und 20 Minuten ziehen lassen.

Hirschgulasch

Zutaten: 700 g Hirschfleisch vom Schlegel oder von der Schulter, Salz, Pfeffer, je 1 Prise Ingwer und gemahlener Kümmel, ½ Tl Majoran, 1 zerdrückte Knoblauchzehe, 80 g Öl, 3 Zwiebeln, Rosenpaprika, 3 Tl Tomatenmark, ⅛ bis ¼ l Fleischbrühe, 1 El Mehl, ¼ l saure Sahne.

Kleingeschnittene Zwiebeln im heißen Öl goldgelb rösten. Paprika hinzugeben und kurz dünsten. In Würfel geschnittenes Fleisch darübergeben und alles mit den übrigen Gewürzen mischen. Zugedeckt im eigenen Saft weichdünsten. Mit Mehl bestäuben, Tomatenmark, Brühe und saure Sahne zufügen. Durchmengen und noch einige Minuten auf dem Herd lassen. Mit Semmelknödeln und grünem Salat servieren.

Aus übriggebliebenen Semmelknödeln läßt sich eine rasche Mahlzeit bereiten:

Saure Semmelknödel

Zutaten: 4 Semmelknödel, 2 Zwiebeln, 4 Eier, Salz, Pfeffer, Essig, Öl, Butter.

Semmelknödel in Scheiben schneiden, in Butter braun anrösten, auf eine Platte geben und erkalten lassen. Zwiebeln in Ringe schneiden. Mit Essig, Öl, Pfeffer und Salz vermischen und über die Knödel verteilen. 4 Spiegeleier darübergeben.

Ein Vorderlader, feuchtes Pulver und Marillenknödel

Im Herbst 1980 drehte Alexander Corti in Österreich den Film »Maria Theresia«. Ich spielte den Perusa, und in einer Szene sollte ich vom Fenster eines Schlosses aus auf einen unschuldigen Baum schießen. Der leicht vertrottelte Herzog Albrecht, ein passionierter Jäger, hatte sich das – im Film – ausgedacht, um zu sehen, wie seine Besucher schossen. Nach und nach sollten alle Zweige vom Baum geschossen werden, bis der schließlich total entblättert dastand.

Aber es kommt oft anders als im Drehbuch vorgesehen.

Der für die special effects zuständige Österreicher kam mit einem gewaltigen Vorderlader und fragte:

»Hörn S', ham S' schon amal g'schossen?«

»Ja. Kein Problem.«

»'s wär ganz gut, wenn S' des amal üben täten.«

»Gern. Aber laden kann ich das Ding nicht.«

»No jo, des brauchen S' eh net. – Aber täuschen S' Eahna net, dös is a Vorderlader, damit schießt sich's net so leicht wie mit an Karabiner!«

Er hatte recht. Das Ding hatte einen gewaltigen Rückschlag.

Beim Üben.

Dann wurde es ernst. Kamera und Ton liefen. Herzog Albrecht gab das Stichwort, ich legte auf den Baum an, zielte, drückte ab ...

»Plepp«, machte die Donnerbüchse. Sonst nichts.

Corti brach ab und bat den special-effects-man freundlich:

»Würden Sie sich bitte darum kümmern, daß das Gewehr *schießt!*«

Der Mann nahm den Vorderlader, ging nach nebenan, überprüfte alles und kam zurück.

»Einhundertundvier, die Zweite!«

Ich unterhielt mich mit dem Herzog, nahm das Gewehr, zielte, drückte ab ...

»Plepp.«

Nach dem vierten Fehlversuch wurde Corti ungeduldig.

»No jo, is a bissel feucht hier im Schloß«, sagte der österreichische Gemütsmensch. »Brauch ma halt a bissel mehr Pulver, net wahr?«

»Probieren Sie das bitte aus«, verlangte der Regisseur.

Aus dem Nebenzimmer waren die gewohnten Geräusche zu hören. Dann ein ungeheurer Krach, ein Klirren und Scheppern! Die Explosion ließ Wände und Fußboden wackeln. Der erste Eindruck war: Jetzt ist das halbe Schloß in die Luft geflogen!

Drei Sekunden später erschien der Österreicher in der Tür und sagte seelenruhig:

»No jo, sehn S', es geht!«

»So geht's *nicht!*« schrie Corti. »Sie haben viel zuviel Pulver genommen!«

»Nehm' ma wieder weniger«, murmelte der Leidgeprüfte und wandte uns den Rücken.

»Einhundertvier, die Fünfte!«

»Plepp«, machte der Vorderlader.

Leise Verzweiflung breitete sich aus. Inzwischen hatten wir fast drei Stunden vertan und keinen Meter brauchbaren Film im Kasten.

Corti verschob die Szene auf den letzten Drehtag. Als der kam, wurde sie gestrichen.

Ich wurde wieder einmal gefragt:

»Können Sie reiten?«

Seit Kanada bin ich vorsichtiger, obwohl meine Reitkünste sich mittlerweile durchaus sehen lassen können. Ich gab ein Ja mit Einschränkungen. Vorsichtshalber.

»Sie brauchen keine Angst zu haben. Es ist ein ganz ein liebes Pferd.«

Und zum Beweis ritt der Besitzer mir etwas vor. Der Gaul tat alles, was man von ihm verlangte.

Bevor gedreht wurde.

Als ich im Sattel saß und im gestreckten Galopp auf Herzog Albrecht zureiten sollte, der sich in einer Sänfte zur Falkenbeize tragen ließ, da stand das Tier, als wären seine vier Füße im Boden verankert.

Es sah die Scheinwerfer und die Falken und das ganze Durcheinander und weigerte sich, auch nur einen Schritt zu tun.

»Schenkeldruck!« schrie jemand. »Schenkeldruck!«

»Ich drück ja!«

»Drücken S' halt fester!«

Der Gaul drehte sich um und ging ruhig, aber bestimmt auf seinen Stall zu.

Der Besitzer und ich wechselten noch ein paar unfreundliche Worte. Dann überließ ich ihm den Sattel, und mit einiger Mühe brachte er sein Pferd endlich wieder an den Ausgangspunkt.

»Jetzt geht er, Sie werden sehn!«

Ich war bereit, mich überraschen zu lassen. Doch die Überraschung blieb aus. Der Zossen ging keinen Schritt.

Gestreckter Galopp zu Herzog Albrechts Sänfte? Lächerlich!

»Das liegt nur am Herrn Rauch, der kann halt net reiten«, sagte der Besitzer verschnupft.

Ich stieg ab und warf ihm die Zügel zu:

»Machen Sie's vor! Los, reiten Sie im Galopp auf die Sänfte zu!«

Er hätte sich nur zu gern gedrückt. Aber er fand keinen Grund. Und so bewies er selbst, daß es nicht am Reiter lag.

»Sind das überhaupt Filmpferde?« Ich hatte gesehen, daß es mit den anderen Gäulen ähnliche Schwierigkeiten gab.

»Natürlich sind das Filmpferde!« sagte der Besitzer beleidigt. »Die feinsten, die Sie finden können!«

Wir kamen schließlich auf einen Trick. Der Besitzer versteckte sich hinter Herzog Albrechts Sänfte, unsichtbar für die Kamera, und lockte seinen Gaul mit Schmeicheleien und Versprechungen ...

Mühsam, mühsam. Das Tier setzte sich endlich doch noch in Bewegung und brachte so etwas wie einen zögerlichen Galopp zustande.

Weil einer der Stallburschen den Mund nicht halten konnte, kam's schließlich heraus: Die »Filmpferde« konnten diesen Titel allenfalls beanspruchen, weil sie hin und wieder an einem Kino vorbeikamen. Tatsächlich waren es Fiakerpferde. Sie sahen sehr nett aus, nur hatten sie leider überhaupt keine Ahnung vom Metier.

Aber das hat man ja auch bei menschlichen Akteuren, hin und wieder.

Die folgenden Rezepte habe ich von meinem letzten Wien-Aufenthalt mitgebracht:

Liptauer Käse

Zutaten: 125 g Quark, 125 g Butter, 20 g geriebene Zwiebel, 1 Tl feingehackte Kapern, 1 Tl Senf, 1 Knoblauchzehe, 1 durch die Knoblauchpresse gedrücktes Sardellenfilet, Rosenpaprika, gemahlener Kümmel, etwas Salz.

Butter schaumig rühren, Quark und alle übrigen Zutaten unterziehen. Wenn die Masse zu fest wird, noch etwas Quark oder saure Sahne zufügen. 1 bis 2 Stunden durchziehen lassen. Sehr pikant als Entree, zu kräftigem Graubrot oder hauchdünnem Roggen-Knäkke.

Girardirostbraten

Zutaten: 4 Lendenschnitten zu je 150 g, Salz, Pfeffer, 20 g Butter, 2 Zwiebeln, 100 g Schinkenspeck, 200 g frische Champignons, etwas abgeriebene Zitronenschale, 1 El Kapern, ¼ l Brühe, 1 El gehackte Petersilie, 1 El Mehl, ⅕ l saure Sahne, ⅙ l trockener Weißwein, Öl zum Braten.

Lendenschnitten an den Fetträndern einschneiden, pfeffern und salzen. In heißem Öl schnell von beiden Seiten anbraten, herausnehmen. Im Fond eine kleingeschnittene Zwiebel rösten, mit Weißwein ablöschen und mit Brühe aufgießen. Die Lendenschnitten darin dünsten. Schinkenspeck ganz klein, Champignons blättrig schneiden, Zwiebeln und Petersilie hacken. Schinkenspeck in Butter auslassen. Zwiebel, Champignons, Kapern, Zitronenschale und Petersilie darin anrösten, mit Mehl bestäuben und mit Sahne aufgießen. Die Mischung über den Rostbraten geben und alles durchkochen lassen, bis das Fleisch weich ist. Beilage: In Butter geschwenkte Bandnudeln.

Marillenknödel

Zutaten: 160 g Butter, 500 g gekochte Kartoffeln, 4 El Grieß, 4 El Mehl, Salz, 3 Eigelb,

2 Eier, 500 g Marillen (Aprikosen), 250 g Würfelzucker, 250 g Butter, 250 g Paniermehl, 125 g Puderzucker.

In 160 g weiche Butter werden die heiß passierten Kartoffeln, 3 Eigelb und 2 ganze Eier, Grieß, Mehl und etwas Salz gerührt. Der Teig bleibt ½ Stunde zugedeckt stehen. Inzwischen werden die gewaschenen, abgetrockneten Aprikosen an einer Seite aufgeschnitten, so daß man den Stein herausnehmen und durch 1 Stück Würfelzucker ersetzen kann. Aus dem Teig werden kleine Knödel geformt und jeweils mit einer Aprikose gefüllt. Die Knödel müssen in Salzwasser ¼ Stunde ziehen. In einer Pfanne werden 250 g Butter geschmolzen und das Paniermehl darin leicht angebräunt. Die Knödel werden in dieser Mischung gewälzt und mit viel Puderzucker bestreut.

Im Buschenschank in Südtirol

Wen der Herr liebt, den läßt er fallen in dies Land.

Oberbayern nehmen den Spruch ebenso für ihre Heimat in Anspruch wie Südtiroler. Beide haben Grund dazu, finde ich.

Für uns liegt Südtirol sozusagen vor der Haustür. Wenn wir ein paar Tage ausspannen wollen, einen Ortswechsel brauchen, aber nicht gleich einen ausgewachsenen Urlaub machen wollen, dann fahren wir rasch nach Südtirol.

Am liebsten im Herbst, wenn der Wein geerntet ist, wenn der »Nuie« verkostet wird, der neue, junge Wein. Wenn überall der würzige Duft gebratener Kastanien in die Luft steigt. Wenn man unter der warmen Herbstsonne an langen Tischen sitzt bei Brot und Speck und Käse und Wein, immer wieder Wein, von dem man zwar hin und wieder zuviel trinkt, aber niemals genug ...

Hier sitze ich jetzt in einem Buschenschank unweit von Nals, am Rande des Etschtals. Sitze an einem Tisch, der früher einmal ein Weinfaß gewesen ist. Sitze da, esse und trinke und gehe noch einmal die Rezepte durch, die ich in aller Welt gefunden habe.

Auch mit dem Buschenschank – besser: mit seinem Wirt – ist eine kleine Geschichte verbunden.

Das erstemal kam ich allein her, weil ich beiläufig davon gehört hatte.

Der Wein schmeckte sauer, ich holte mir blaue Flecken an den unmöglichen Tischen, warf eine Flasche um, was bei der konkav gewölbten Platte unvermeidlich war und fand im übrigen den Wirt so muffig-ungemütlich und unfreundlich, daß ich mir schwor, der erste Besuch sollte auch der letzte sein.

Ein paar Tage später dann, während einer Wanderung mit der Familie und mit Freunden, überraschte uns jäh ein Wolkenbruch. Außer dem Buschenschank gab es weit und breit keine Einkehr. Also beschloß ich, den Wirt und alle anderen Zumutungen noch einmal in Kauf zu nehmen.

Was dann geschah, grenzte an ein Wunder.

Wir wurden begrüßt wie alte Freunde. Der Wirt wollte wissen, wie es mir in der Zwischenzeit ergangen sei. Er brachte einen Weißen und einen Roten auf den Tisch: Keine großen, aber durch und durch ehrliche und sehr trinkbare Weine. Für die Kinder gab's Traubensaft und Limonade. Und eine Brotzeit tischte er uns auf!

Nie hat uns der Speck besser geschmeckt. Der Käse war würzig und mild zugleich. Außerdem gab's ein geräuchertes Rindfleisch, mit dem sich das berühmte Bündnerfleisch nicht messen kann, weil es nicht entfernt so saftig ist. Das Brot dazu, die Vinschgerl (kleine runde Brote nach einem Rezept aus dem Vinschgau), kamen ofenwarm auf den Tisch und nicht altbacken, wie es sonst üblich und wogegen gar nichts zu sagen ist.

Wir sind seither oft hier zu Gast gewesen. Manchmal vergehen nur Wochen von einem Besuch zum nächsten, dann wieder ist es ein Jahr. Aber stets ist es wie eine Heimkehr.

Längst kennen wir das Geheimnis und den Stolz des Wirts: Er macht alles selbst. Und er verzichtet auf Chemie und moderne Technik.

»Mein Großvater hat den neumodischen Kram nicht gebraucht«, sagt er, »mein Vater auch nicht. – Weshalb soll ich jetzt damit anfangen?«

Seine Einstellung ist nachahmenswert, sein Stolz verständlich. Der erstreckt sich bis auf scheinbare Nebensächlichkeiten. – Karin kam einmal mit Kopfschmerzen in den Buschenschank, wollte eine Tablette nehmen und bat um ein Glas Wasser.

Es dauerte, bis der Wirt das Wasser brachte. Er blieb neben dem Tisch stehen, beobachtete Karin beim Trinken und sah sie erwartungsvoll an:

»Nun?«

Sie wußte nicht, was er wollte.

»Wie schmeckt das Wasser?«

»Gut.«

Da nickte er befriedigt und verriet:

»Das kommt aus meinem eigenen Brunnen. Besseres Wasser findet ihr in der ganzen Gegend nicht.«

Ich denke, einige meiner Lieblingsrezepte aus Südtirol sind ein guter Abschluß für dieses Buch, das ich mit der Unbefangenheit des Amateurs geschrieben habe und mit viel Spaß – von dem Sie hoffentlich auch beim Nachkochen der Rezepte etwas wiederfinden.

Pfifferlingreis der Frau Mairhofer

Zutaten: 250 g Risottoreis, 500 g Pfifferlinge, Pfeffer, Salz, 1 Bund Petersilie, 2 Knoblauchzehen, ⅛ l süße Sahne, 1 Zwiebel, 1 El Butter.

Reis in Salzwasser kochen. Zwiebeln in der Butter goldgelb dünsten. Geputzte Pfifferlinge dazugeben und weichdünsten. Mit gehackter Petersilie, Salz und Pfeffer würzen. Den größeren Teil der Flüssigkeit verdunsten lassen, dann mit Sahne binden. Pilze im Reisbett servieren.

Völser Spinatspatzen

Zutaten: 300 g Mehl, 3 Eier, Salz, ⅕ l Milch, 100 g tiefgefrorener Spinat oder die entsprechende Menge frischer, 250 g gekochter Schinken, je ⅛ l trockener Weißwein und süße Sahne, 3 El Parmesan, 2 El Butter.

Aus Mehl, Milch, Eiern, Spinat und Salz einen Spätzleteig rühren. (Vorsicht mit der Milch, da Spinat viel Flüssigkeit enthält!) Spätzle ins kochende Salzwasser geben, mit dem Schaumlöffel herausnehmen, sobald sie an die Oberfläche kommen und kurz mit kaltem Wasser abschrecken. Vorher Butter in der Pfanne zerlassen und den kleingeschnittenen Schinken darin kurz anbraten. Mit Weißwein ablöschen und mit Sahne aufgießen. Leicht einkochen und den Käse unterrühren. Die fertigen Spinatspatzen in der Sauce schwenken und sofort servieren.

Saures Rindfleisch

Zutaten: 800 g gekochtes Rindfleisch (Rosenspitz oder Tafelspitz), 4 Zwiebeln, Essig, Öl, Pfeffer, Salz.

Rindfleisch – warm oder kalt – in halbzentimeterdicke Scheiben schneiden. Aus Öl, Essig, Pfeffer und Salz eine Marinade rühren. Das Fleisch hineinlegen und mit den in Ringe geschnittenen Zwiebeln bedecken. Warmes Fleisch sofort servieren, kaltes ½ Stunde stehenlassen. Beilage: Kräftiges dunkles Brot.

Kastanienreis

Zutaten: 220 g Kastanienpüree (aus der Dose), 2 El Zucker, 1 Päckchen Vanillezucker, 2 cl Grand Marnier, 500 g Vanilleeis, ⅕ l süße Sahne.

Kastanienpüree mit Zucker, Vanillezucker und Grand Marnier mischen und durch eine Kartoffelpresse (oder ein Sieb) drücken. In Dessertschalen verteilen. Eis mit dem Portionierer zu Kugeln formen und darübergeben. Mit der geschlagenen Sahne garnieren.

Kastanienschaum

Zutaten: Wie oben, jedoch mit ¼ l süßer Sahne und ohne Eis.

Unter das gezuckerte, mit Grand Marnier gewürzte und durchgedrückte Kastanienpüree die steifgeschlagene Sahne ziehen, in Portionsschalen füllen und im Kühlschrank 30 Minuten durchkühlen lassen.

Register der Rezepte

Die Zutaten sind, soweit nicht anders angegeben, jeweils für vier Personen berechnet.

Apple-Pie 138
Arroz verde 196
Athener Schweinefleisch 158
Auberginen mit Tomaten und Büffelkäse 118
Avocados mit Aprikosensauce 176
Avocados mit Blue-Cheese-Dressing 164

Bacon-and-Egg-Pie 202
Bananenauflauf 215
Bananen-Curry 32
Bayerische Creme 83
Bien Me Sabe 215
Braciole 59
Braune Bohnensuppe 220
Bunte Birnen 24

Calgary Beans 45
Carpet-Bag-Steak 202
Cassata alla Siciliana 59
Cranberry-Sauce 89
Cranberry Snow 46
Crema al rum 107

Eier aus Pirano 27
Englischer Lammbraten 74

Falscher Kaviar 20
Fenchel mit Eiern und Oliven 209
Fettuccine alla Anna Rosa 106

Filets de perche meunière 99
Finnischer Eintopf 132
Frijoles Rancheros 195
Frischer Lachs in Sahnesauce 45
Frühlingsrollen 152

Gebackene Kalbsfüße 188
Gebackener Lauch 64
Gebackene Tomaten auf sizilianische Art 58
Gebundene Ochsenschwanzsuppe 73
Gedünsteter Weißkohl 184
Gefüllte Fisch 175
Gefülltes Roastbeef 142
Gehackte Hühnerleber 175
Gemischter bayerischer Braten 82
Gepfefferte Feigen zum Aperitif 158
Gerstensuppe 99
Geschmorter Ochsenschwanz mit Stangensellerie gensellerie 107
Geschmortes Kalbfleisch 118
Girardirostbraten 227
Griechischer Reis 159
Großmutters Heringssalat 188
Grüner Salat mit Champignons 165

Hammelrücken am Spieß 215
Hawaii-Bowle 203
Heilbutt mit Ananas 203
Hirschgulasch 220
Hühnerfleisch mit Nudeln 38
Huevos Perico 215
Huhn in Currycreme 39
Hutspot 153

Irische Bauernsuppe 184
Irish Stew 184

Joghurt-Kuchen 74
Jugoslawische Dillsuppe 27

Kalifornischer Salat 88
Karins Fischsuppe 129
Karins Gulasch 189
Karins Kartoffelpuffer 129
Karins Topfennockerln 130
Karpfen Belgrad 27
Kartoffel-Gratin 52
Kastanienreis 233
Kastanienschaum 233
Krabbensuppe Sonora 164
Kürbis-Pie 89
Kurländischer Speckkuchen 19

Lamm-Kasserolle 141
Lammschlegel mit Tomaten und
  Rosmarin 210
Lemon-Cheese 137
Liptauer Käse 227
Maiskolben 165
Mangosauce 204
Manzo con cipólle 209
Marillenknödel 227
Marinierter gelber Paprika 27
Mariniertes Rindfleisch 113
McQueens Weihnachtsputer 88
Möhrenauflauf 133
Moussaka 158
Mousse au chocolat 78
Mutter Rauchs Suppenfleisch 23
Neuseeländisches Hochzeitsdessert 203
Normannisches Huhn 78

Österreichischer Maissterz 94

Omelette mit Thunfisch 69
Omelette soufflé 64
Orangen in Rum 159

Pfannkuchensuppe 82
Pfifferlingsreis der Frau Mairhofer 232
Pikantes Kartoffelgemüse 23
Pörkölt 94
Porreau vinaigrette 78
Porterhouse-Steak 138
Rehragout 94
Rohe Kartoffelknödel 82
Rotterdamer Waffeln 153
Rumsteak mit Knoblauch 15

Sächsische Schnitzel 20
Sächsischer Speckkuchen 19
Salade Nicoise 52
Saure Semmelknödel 221
Saures Rindfleisch 232
Scampi Mondello 57
Schinken mit Senf-Sirup-Kruste 133
Schweinefilet in Bier 195
Schweinefleisch-Curry 32
Schweinekoteletts mit Aprikosen 113
Schweizer Rüblitorte 99
Seezunge in Eiersauce 68
Seezunge mit Avocados und
  Champignons 176
Semmelknödel 220
Sizilianisches Muschelragout 58
Slavinken 152
Soupe à l'oignon gratinée 63
Spaghetti Syrakus 59
Spanische Sommersuppe 69
Steinbutt mit Gemüse 69

Tatar mit Kaviar 23
Tomaten-Apfel-Chutney 74

Tomatensauce mit schwarzen Oliven 118
Topfenpalatschinken 15

Überbackener Fenchel 106

Völser Spinatspatzen 232

Wiener Apfelstrudel 95

Zwiebelsalat 14
Zwiebel-Sambal 32

Notizen

Notizen

Notizen